サラリーマン二足のわらじ術

妻を社長にしてワンルーム経営

これから不動産投資をはじめる人も、
もうはじめている人も

台場史貞
Fumisada Daiba

Husband — Salaryman

Wife — President

かんき出版

はじめに

私は給与以外に不動産収入もある「二足のわらじ」を履くサラリーマンです。その私から、最初に読者の皆さんに問いかけたいことがいくつかあります。

・もし、あす会社がつぶれたらどうしますか？
・もし、自分がリストラの対象になったらどうしますか？
・もし、会社の業績不振で給料が半分になったらどうしますか？
・もし、老後にあてにしていた退職金が出ないとしたらどうしますか？
・もし、家族が長期入院したらどうしますか？
・もし、老後の生活を維持できなくなったら、どうしますか？
・もし、日本の年金が破綻したらどうしますか？

私は名古屋の理系大学を卒業後、いまは中京圏のある企業のエンジニアとして働いています。自分では回避できない不況などの煽りを受け、3度の転職を重ね、4つの会社を渡り歩いて50代の後半になりました。

その間、勤め続けたそれぞれの会社で給料をもらう一方、バブル期の前後にかけては株などの金融商品を中心に投資をしてきました。

それは自分の小遣い稼ぎのためでした。

たいした稼ぎにはなりませんでしたが、その過程で、会社に依存しすぎた自分の経済状況から脱却する必要性をより感じ、がんばってお金を貯めました。その資金を頭金にして実質的には2004年から、安全性を重視した中古ワンルーム投資を始めました。

それから10年強で15戸のワンルームを所有し、いまは毎月50万円以上の家賃収入（ローン返済後の手取り実収入）、いわゆる不労所得を得ています。

もちろん、エンジニアという仕事もサラリーマンとして継続しています。


不動産投資の会社を設立したのは2012年のことです。業績の安定しているいま振り返ってみると、10戸くらい、手取り実収入が30万円を超えたあたりで法人化すべきだったとは思います。

会社を設立した主な目的は税金対策、節税です。

ただ、自分が社長になると、勤めている会社の規定上好ましいとはいえないこともあり、妻に社長になってもらいました。

家族は妻と2人の息子、それに自分の両親を加えた6人家族。息子たちは大学など教育費のかかる時期です。しかし、息子たちが社会に出て、私が定年退職したときには、月に100万円ほどの家賃収入という不労所得が入ってきます。それを使って年間3か月程度の海外での長期滞在を夢見ています。

冒頭の問いかけに答える意味も含めて自分自身が実践してきた資産づくりの手法をまとめたのがこの本です。サラリーマンでありながら会社を設立して行う「東京の中古ワンルーム投資」。この手法が、いま、サラリーマン生活と老後に不安を覚える皆さんに、少しでも参考になれば幸いです。

2015年8月

台場　史貞

※本書の税率・規則等は2015年7月現在の法令等にもとづいています。

妻を社長にしてワンルーム経営　もくじ

第2章 法人化するまでの私のワンルーム投資法

第3章

妻を社長にした会社をつくる！

第4章

主婦がいちばんワンルーム経営に向いている！

第5章

会社に頼らない生活を実現する！

エピローグ

目標は2億円の資産を持ち、毎月100万円の不労所得を得る

カバーデザイン：中西啓一
組版DTP：イノウエプラス
編集協力：菱田秀則

プロローグ

だから私は
ワンルーム投資にのめり込んだ！

「このままでやっていけるか」という漠然とした不安

私が不動産投資にのめり込んでいったのには、いくつかの理由があります。エンジニアとして、サラリーマンとして一生懸命に働き、いまも働いているのですが、「この先、給料に自分と家族の全経済を依存していて大丈夫か」という漠然とした不安が30代のころからあったからです。

不景気によって減給も受け、転職も経験してきた身にとって、それは当然のこと。多くのサラリーマンの方々に同じ思いがあるでしょう。

そのなかで、私はバブル絶頂期を挟んで10年以上、株式投資をしていた時期がありました。自分の小遣いや家計の足しになればよいという思いからです。

株式投資のメリットとデメリット

不動産投資とサラリーマンの給与という2本柱を生活の基盤にしているいま振り返って思うと、株式投資にはメリット・デメリットの両面があります。まずメリットは、株式投資は不動産投資に比べて手軽に始められることです。

株で成功するかどうかはともかく、元手が50万、100万円で始められることもあり、サラリーマンの副業としては〝もってこい〟な面があります。

また、株を持つことで新聞を隅から隅まで読むようになり、経済指標をつねに把握し、株価に影響を与えそうなニュースにも目を光らせるようになることもメリットです。

株式を通して経済に強くなるということでしょうか。その面からすると、少ない金額しか投入できないにしても株式投資はやってみるべきだと思います。

ところが、そのメリットは一方でデメリットにもなります。

経済知識や株価情報に詳しくなるといっても、毎日、帰宅して深夜にパソコンで株価をチェックし、翌日の売買の注文や指示を出さなければなりません。それは、とても煩わしいことでした。

いまにして思えば、株価のチェックや注文はまさしく労働であり、売買で得た利益があったとしても、それは労働の対価でしかありません。

昼間の勤務中に悪いニュースでも入ろうものなら、株価の動きが気になり、数日間の出張や旅行から戻ると、真っ先にパソコンに向かって株価をチェックする……。その瞬間に、背筋が凍るようになるときもたびたびでした。

株式投資をやっていた期間に大幅なマイナスも経験し、全面的に手を引いたのはワンルーム投資を始めて2年ほど経ったころです。

直接的な理由は、ワンルームの追加購入の資金繰りの都合上、株式の運用に回していたお金が必要になったからでした。

そのころは、保有銘柄が高値の時期でした。そのため、初期投入資金からすると、10％ほどのプラスで終えました。

投入金額が800万円ほどでしたので、最終的には900万円ほどの金額で終えたことになります。

年間の利回りに換算すれば、1％程度です。

「毎日、株価に一喜一憂し、深夜に注文を出す〝労働〟を重ねて、必死になって結局は年利1％程度か……、割に合わないな」

と思ったものです。

それ以上に、精神的な負担にまいってイヤになってしまった、というのが正直なところです。

ただ、その後、所有銘柄の株価は下落していたことを考えると、最終的には大きな損をせずにすんだのですから、手を引いて「運がよかった」としか言いようがありません。

「もっと労働の対価っぽいものとは別の稼ぎを」と株式投資をやりながら、ずっと考えていました。

株式投資から不動産投資にシフトする

株式投資では結果的には十分な成果を得られない。精神的な負担も大きすぎる……。

私に株式投資の能力がないだけなのかもしれませんが、それが私の株式投資で得た結論です。

しかし、株式投資をやめたとしても、将来に対する漠然とした不安だけが大きくなります。生活基盤を支える給与とは別の「何か」を考えないといけません。そこで、たどりついたのが「不動産投資」です。

不動産投資を実際に始めたのは2004年からですが、当時、不動産投資はいまほど認知されていなくて、一部の人が目を向けている程度でした。

そのため、本を読んだり不動産投資に関連する会社などから資料を取り寄せたり、電話相談をする程度でした。

そのころに読んだ本の多くは、資産家や富裕層向けのもので、一般のサラリーマンには手が届きにくい印象があったように思います。不動産投資セミナーが開催されたとしても、都内で資産家向けに行われるケースがほとんどで、名古屋に住む私には気軽に行けるものではありませんでした。

つまり、実質的には独学で試行錯誤しながら、経験を少しずつ積みながら不動産投資について学んできたといえます。

不動産投資のなかでも、なぜワンルームだったのか

不動産投資とひと口にいっても、1棟アパート・1棟マンションから駐車場、ファミリータイプのマンション、ワンルームまで、さまざまな不動産への投資があります。それぞれに投資手法も異なります。

そのなかで、なぜ、ワンルーム投資に目をつけたのか。ワンルーム投資のメリットは後述するとして、その直接的な理由は、結局のところ「投資額としてサラリーマンでも対応しやすい」ということです。

1棟アパートや1棟マンションの場合、安定して利益が上げられる立地だと、投資額は少なくとも1億円レベルになり、ローンを使ったとしても実際に投資できるのは地主や資

産家にほぼ限られます。

駐車場なども同様で、地主が土地を放っておくよりも更地にして駐車場として貸し出すというのが典型的な手法でした。それは、私とは立場の違う人たちの投資だと容易に想像できます。

ところが、ワンルーム投資の場合の初期投資額は、私が不動産投資を始めようと考えたころでも1戸が800万~1800万円ほどで、ある程度の貯金があればサラリーマンとして手を出せない額ではありません。

「これなら、私にもできるかも。株式投資のように毎日の株価チェックなどに煩わされず、安定的に収益が得られるかもしれない」と、興味を引かれたのです。

不動産投資の結論

投資金額、投資手法などについて詳細は後述しますが、株式投資から手を引いてワンルーム投資を続けた結果を先に述べておきましょう。

年間の実質的な利回りは全体で6%ほど。保有マンションが15戸になったいまも、この数字を継続して維持しています。

毎日パソコンをにらみながら日々の株価変動におびえつつ、年利1%のために一喜一憂していた株式投資と、購入後は管理会社に任せきりでほとんど何もせず平穏な毎日を送って年利6％を得るワンルーム投資。その安定感や充実感の差は明らかで、比較になるものではありません。

不動産投資のほかに株式投資、ＦＸなどの金融投資、金などの商品先物、投資にはさまざまな対象があります。

同じ投資という言葉でくくっても、その中身はずいぶん違います。

そのなかで家賃収入を得るワンルーム投資は、他の投資と比較して、何より安定的であり、「投資の最終形」だとあらためて思います。

第1章

15戸所有の私が身につけたワンルーム投資の知識

ワンルーム投資で身につけるべき知識とは

ワンルーム投資を進める際には、身につけておいたほうがよい知識がたくさんあります。それを私のように経験のなかで身につけるケースもありますが、とにかくしっかりと勉強してからでないと始められない人もいます。

また、その知識には感覚的に身につけていくものもあれば、税法のようにしっかり一つひとつ勉強して覚えていかないとわからないもの、さらに新たな情報をつねに更新していかなければならないものもあります。

いつ、どのように学んでいくかは、人それぞれです。「勉強してからでないと始められない」など、その人の性格によっても変わるでしょうし、実際には「500万円用意している人と1億円用意できる人」など、最初に用意できる頭金の額によって始め方が変わってくる面もあります。

知識はあとからついてくる

いずれにせよ、私は、

「ワンルーム投資を始めると決めたら、できるだけ早く始めたほうがよい。知識はやりながら身につけられる」

と考えています。

なぜなら、他の投資に比べて大きな資金は必要でもリスクが少なく、確実に安定的に収益が得られるからです。知らないということで大きな損を被るリスクは他の投資に比べて少ないからです。

「やらないで過ごすロス（損失）のほうが、やるリスクより大きい」

とさえ考えています。

そのことを前提として、「実際にワンルーム投資をする段階で、最低限知っておいたほうがよい知識」をまとめていきましょう。

総括的かつ学問的に難解なことではなく、実際に投資する立場として感覚的にでも知っておいたほうがよいという知識です。

ぜひ、参考にしてください。

知識1

投資対象となるワンルームマンションとは？

ワンルームマンションといってもさまざまですが、どんな物件が投資の対象になるのかを見ていきます。

広さの感覚を身につけておく

まず、ワンルームマンションの広さです。広さは壁芯の面積（壁の中心線で囲まれた面積）で表現するのが一般的ですが、次ページのように考えておくとよいでしょう。

そのほかに確認しておきたい条件はどう判断したらよいか、広さのほかの条件をどう判断したらよいかについて述べていきます。これは私の考え方です。

(1)駅からの徒歩時間

東京23区内の場合、とくに都心部では交通網が発達しているので、15分も歩けばどこか

ワンルームの広さの感覚

① 14平方メートル未満

・超狭い
・一般的には購入の対象外だが、立地さえよければ、家賃がとれる物件

② 14～17平方メートル

・狭い
・ただし、購入の対象ではある

③ 17～22平方メートル

・普通の広さ
・立地なども踏まえて、もっとも購入対象とすべき物件

④ 22～27平方メートル

・広め
・購入対象とすべき物件
・とくに東京の区部ではワンルームマンション規制の対象面積に該当するケースもあり、その場合、同種の広さでの新築ワンルームは建てられず、とくにおすすめとなる

⑤ 27平方メートル超

・広い
・この広さになると単身者ではなく若いカップルに貸すことになるケースもあるので、その善し悪しも検討すべき

最寄りの駅に着くでしょう。それを考えると、最寄り駅から徒歩10分以上かかる物件は、投資対象としては不適格です。

なお、駅からの時間だけでなく、駅からマンションまでの経路にスーパーやコンビニがあるか、繁華街や風俗街はないか、暗い夜道や坂道などがないかなども、勘案すべき条件でしょう。

(2)ユニットバスとバス・トイレ別

一般的にはバス・トイレ別が好まれます。ただし、バス・トイレ一体でも、内装のリフォームでバス・トイレ別にできます。とくに、もともと家賃を高く設定できる立地や条件の物件であれば、リフォームしても大きな問題とはならないでしょう。

(3)カーペットとフローリング

カーペットはベッドなどの脚の凹みが生じ、入居者が変わるたびに交換しないといけません。その点から考えても、フローリングの物件のほうが長い目で見れば利益につながります。

私はカーペットの物件を購入した場合、入居者がつく前にリフォームしてフローリングに変更しています。

(4)固定資産税

マンションの立地、マンション全体の広さや総戸数、さらに購入する物件の広さによって変わってきます。

東京のワンルームマンションの場合、立地やマンションの価格などで違いがありますが、毎年約3万5000円くらいと考えておくとよいでしょう。

知識2

投資家が選ぶワンルームは新築、それとも中古？

ワンルーム投資を行う際には、さまざまな予備知識があったほうが好都合です。その代表的なポイントが、「自分が住むのではなく、賃貸に回すことを第一にしてどのような物件を選ぶか」ということです。その一例として、最初に新築物件について掘り下げて考えてみましょう。

自分が住む物件の場合、つい「新築がよい」と考えがちです。ところが、賃貸に回す物件を購入する場合はまったく逆で、むしろ中古物件のほうがよいのです。

新築物件には盲点がある

新築の購入物件の広告のなかには、次のような言葉がよく出てきます。

① 物件は東京23区内で駅から徒歩10分以内

②頭金0円でOK
③提携ローン金利1％台、期間35年、年収の10倍以上の借入金も可能
④家賃の数％の手数料で、35年間の家賃一括保障
⑤家賃一括保障で月の収支は黒字。35年後は家賃収入のすべてが手元に入り、年金代わりになる！

これらの内容にウソはありません。たしかに本当の話でしょうが、一つひとつ見ていくと、はたしてメリットとなるのかあやしい項目もあります。

賢明な投資家は、その広告表現の裏にあるあいまいな部分までしっかり確認してから投資するかどうか判断すべきです。

一般に新築物件は、土地の仕入れ値はもちろん、建築関連費、販売関連費などが販売価格に反映され、割高になってしまうものです。

一方、新築業者のなかには、土地の取得からデザイン、建設、販売、管理まで一気通貫で行うことによってコストダウンを図り、投資家の利益に少しでも貢献しようとする会社もあります。

しかし、そのような良心的な会社の新築物件であったとしても、先の①〜⑤の項目に照

らして、次の内容の確認は必要です。

(1)立地の確認→物件の場所が微妙にポイントを外していないか

東京では最近、区ごとにマンション建築に関する条例が制定され、25平方メートル程度の広さであってもワンルームマンションを建築することがむずかしくなってきました。区の条例で規制するということは、「ワンルームマンション、とくに狭小のワンルームマンションは建てさせたくない」というのが本音なのです。

したがって、駅近で23区内であっても、本当に投資家がほしいと思う場所には建てられず、微妙にポイントを外れた場所（都心でもまだ土地が比較的安く入手できる場所）に新築ワンルームマンションは建設されています。

最寄り駅から10分でも、物件そのものは最寄り駅のある区とは別の区に建っているといったことがあるのです。

そうしないと、規制の条件をクリアするため売出し価格が高くなり、不動産会社の収支が合わなくなってしまいます。

また、収支を合わせるため、物件の修繕積立金を月額１８００円以下など低い金額に設定している場合も多いものです。

そうした物件の修繕積立金は、おそらく数年後には月額６０００円以上に上昇すると想定できます。そうしないと、10年に１度くらいの間隔で実施される大規模修繕の費用が常識的に考えて確保できないからです。

(2)頭金の確認→借入れリスクを想定しているか

「頭金０円」というのは、初期資金の乏しい若い投資家にとって購入意欲をそそられるうたい文句です。

ところが、それはローンの返済金額が多くなることを意味し、リスク、すなわち返済の危険度が増します。

不動産投資の最大のリスクは過剰な借金です。サラリーマンとしての収入や毎月の返済額よって、どの程度のリスクがあるかは変わってきますが、私は、１戸目は預貯金から捻出して頭金を多めに入れるか、１戸目はできれば現金で購入することをおすすめします。

(3)金利の確認→固定か変動かでリスクが変わる

金利が１％台、期間は35年といっても、全期間にわたって固定金利かどうかをよく確認する必要があります。

数年は固定期間だったとしても、変動金利であれば、将来にわたって返済金額が変わらないと保障されたことにはなりません。

投資用マンションの購入では一部の金融機関を除き、変動金利が一般的だと覚えておきましょう。

たしかに、現在の金利は歴史的に見て最低の水準ですが、25年くらい前は住宅に要する借入れでも6～7％はあたり前だったのです。

返済期間は長いのですから、返済金額が大幅に上昇する可能性が十分にあり得るという理解をしなければなりません。

(4)管理契約の確認→家賃の見直し条項などはないか

家賃の35年一括保障と広告にうたってあると、投資家は安心感を覚えるものです。ところが、契約書のなかに契約の打ち切り条項や家賃の見直し条項などがないかどうか、しっかり確認したうえで検討すべきです。

契約書には、

「予想できない経済状況の大幅な変化により、契約の見直しをさせていただく場合もあります」

といった文言があるものです。そうなると、本当の意味での一括保障ではなくなってしまいます。

(5)将来設計の確認↓保障内容を精査しているか

前述の(4)にも関連した注意点です。

新築時の入居者の募集家賃と比較して、退去後の中古マンションとしての募集家賃は、基本的には下がるものです。

また、インフレによる物価上昇がなければ、通常、実質家賃は経年劣化によって下がります。

そのとき、一括保障の家賃の見直しや修繕積立金の上昇の可能性があるなら、35年のローン返済期間中に赤字に転落する想定もしておく必要があるのです。

また、入居者が退去した場合、次の入居者を決めるまでの免責期間（家賃を払わなくていい期間）を半年もとっている会社もあるので注意が必要です。半年間も家賃収入が入ってこないとなると、ローンを組んでいる人にとって、その期間の返済は即持ち出しとなってしまいます。

35歳の人が35年後の70歳になるまで借金の返済に追われ、実質的な家賃収入がほとんど入ってこないばかりか、借金の返済が終了するまで持ち出しを続けるようなリスクもあります。

35年後は入居者がなく、最悪な場合、手元に入る家賃収入がまったくない、ということも想定できます。

そのような不動産投資はインカムゲインを生むことにはならず、絶対に避けるべきでしょう。

後述しますが、頭金となるある程度の資金がない状態で、高い借入金割合を維持したまま5戸、6戸と買い増していくとなると、危険度が高すぎます。

知識3 市況を読むことも大切

ワンルーム投資を行っていく際、不動産の市況がどのような状況かを読み、どの物件にターゲットを絞っていくかも投資家にとって重要なテーマです。

この観点から、留意点を3点に絞ってまとめました。

日本の人口は減っていく

誰もが知っているように、日本の人口はすでに減少トレンドに入っています。東京の人口は、現在はまだ増加傾向にありますが、東京オリンピックが開催される2020年以降は、その東京であっても、とくに中心部から離れるほど減少に転じることが予想されています。

ただし、注目しておかなければならないのは、総人口としては減っても、単身世帯の割合は2020年以降も増加していく予想がされていることです。割合だけでなく、東京23

区のほとんどの区では、単身者数自体も2035年までのデータでは増加していくと予想されています。

これらを踏まえたとき、投資家としては、今後、ファミリータイプのマンションよりもワンルームマンションに集中して物件を購入していったほうが正しい選択であると考えることができます。

不動産価格の波をつかむ

不動産の価格には変動の波があります。同じ条件の物件の価格が高くなったり安くなったりする絶対額の波もありますし、それぞれの個人の年収などと比べた割安感・割高感といった相対的な金額にも波があります。そうした波は、その大きさには違いはありますが、5年～20年といった長い周期で変動します。

価格が低いときに購入するのが一番いいことは誰もがわかっています。

ところが、そう単純でもありません。バブルの時代がそうであったように、価格が上昇し始めると、いつまでも上昇していくような錯覚にとらわれ、多くの投資家が人気の高い物件に群がってしまうのです。

そのとき、売買を繰り返しキャピタルゲインという売却益を得ようと考える投機的な手法でなく、インカムゲインの家賃収入で不労所得を安定的に得続けようと考えている投資家には、別の判断基準が必要になります。

利回り計算をしっかりと

その最大のポイントは、購入価格と家賃から計算される利回りです。めったに出ない掘り出し物を狙いながらも、利回りが合わなくなってきたら基本的には投資はいったんストップすべき、と考えるのです。

利回りというと、購入前に購入額でどれだけの家賃収入が得られるかという予想利回りが一般的です。

しかし、ここでは、「借入金の返済額やその金利も踏まえて、どのくらいの利益を生み出し続けているか」という利回りでとらえます。いわば、「継続的な実質利回りの推移」で考えるのです。

その利回りを計算式で示すと、まず、

（年間の家賃収入－維持にかかる諸経費）÷（物件価格＋購入諸費用）

で、実質利回りが計算でき、その実質利回りから、金利と借入れ金額および借入れ期間から計算される年間の返済金額を差し引くと、「借入れ金額も踏まえた実質利回り」が計算できます（次ページ図参照）。

この図からもわかるように、ローンを組んだ場合の実質利回りは大きく低下します。実質利回りを確保するためには、繰上げ返済が重要なポイントであることが理解していただけると思います。

別の見方をすれば、入居者からの家賃でローンを支払っているため、自分自身が一銭も払わなくても一定の利益を得ながら、ローンが毎月減った分だけ純資産が増えることになり、この部分が不動産投資の大きな魅力であるともいえます。その反面、金利が上昇した場合や空室となった場合はリスクとなることもあります。

なお、投資をストップするといっても追加の投資を控えるだけで、ワンルーム投資そのものをやめるわけではありません。

それまでに購入した、利回りの合う物件は継続して持ち続けて家賃収入を得ていけばよく、ローン残高のある人は新たな投資を控え、繰上げ返済を積極的に行うことで、収入と純資産を拡大しておくのです。

こうやって抵当権のない物件を増やして実質的な収入を拡大し、虎視眈々と次の周期が訪れるときを待つ……それができる人が、ワンルーム投資家として成功する人です。

利回り計算はしっかりと

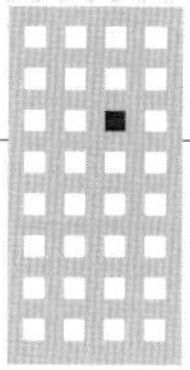

物件価格	1,200万円
諸費用	50万円
予想家賃収入	7万円／月
管理費修繕積立金	5,000円／月
ローン利用額	1,000万円
借入れ期間	30年 借入れ金利 2.5%
ローン返済金額	4万円／月

この物件は？

年間家賃	84万円
年間管理費等	6万円
固定資産税	4万円(概算)
年間賃貸管理料	4万2,000円(毎月家賃の5%程度)
購入時諸費用	50万円
年間ローン返済金額	48万円／年

① 表面利回りは？

$$\frac{\text{年間の家賃収入　84万円}}{\text{物件価格　1,200万円}} = 7.0\%$$

② 実質利回りは？

$$\frac{\text{年間の家賃収入　84万円} - \overbrace{\text{6万円} - \text{4万円} - \text{4.2万円}}^{\text{維持にかかる諸経費}}}{\text{物件価格　1,200万円} + \text{購入諸費用　50万円}} = 5.9\%$$

③ さらにローン金利による利回りのマイナス分を含める

$$\frac{\text{年間の家賃収入　84万円} - \text{6万円} - \text{4万円} - \text{4.2万円} - \overbrace{\text{48万円}}^{\text{ローン返済額}}}{\text{物件価格　1,200万円} + \text{購入諸費用　50万円}} = 1.7\%$$

↓

借入れ額のマイナスを含めた実質利回り

知識4
ワンルーム投資は東京ですべき

ワンルーム投資の実践法に少し進みましょう。ここで「ワンルーム投資は東京ですべきか。東京以外の都市圏や自分の住む街ではダメなのか」について考えてみます。

私の住むのは三大都市圏の一つ、愛知県名古屋市の近郊の市です。たとえば、名古屋で、「栄駅徒歩10分」といえば、愛知県でも名古屋駅周辺と並ぶ繁華街のまさに中心地です。

そのような場所でも、たとえばワンルームの購入価格「500万円以下」でインターネットを検索すると、300万〜400万円でもいくつか物件があることがわかります。そうした物件を購入すれば家賃2万5000円くらいで賃貸に出すことができ、入居者としては、そのくらいの家賃で名古屋の都心に住むことができます。

すると、

「300万円程度なら現金で購入して住んでみて、ダメなら賃貸にでも出せばいいや」

と、安易に購入を考える人もいるはずです。そのように考え、実行する人の気持ちもわかります。ですが、それで大変なことになるケースがあるのです。

名古屋ですら投資の見込みが外れてしまう

まず、マンション全体としてとらえると、いまは名古屋でも空室が多く、半ばスラム化しているマンションがたくさんあります。そのため、家賃をいくら下げても入居者がつかない事態が想定できます。

「家賃2万5000円くらいで貸すことができるだろう」

というアテが外れるのです。

ところが、家賃収入がなくとも、固定資産税や電気・ガス代は所有者が払わなければなりません。それが大きな痛手となってしまいます。

そこで、所有者は売却しようと考えます。ところが、購入価格の3分の1の100万円で売り出しても、買い手がつかない状況に追い込まれることがあります。これは、いわばババ抜きと同じです。

結局、購入するのは不動産のまったくの初心者です。そのような人を不幸に追い込んで、自分はうまく逃げることにしかなりません。

この背景にはもう一つの理由があります。

生活保護世帯の単身者家賃補助の上限基準が、名古屋の場合は3万5800円です（場所により異なります）。そのため、ファミリータイプを選択しても、名古屋近郊で上限値を上回らずに住めてしまうのです。

生活保護を受ける単身者の家賃補助額より低い家賃設定のワンルームをわざわざ借りる人は、まずいません。

つまり、「家賃が低く設定できるので、需要があるかも？」という思惑がまったく的外れになってしまうのです。

それなら「名古屋はファミリータイプのマンションで投資すればよいのでは？」と考える人も出てきますが、そこにもまた次のような問題があります。

①ファミリータイプは面積が広いため、入居者更新時の内装工事に時間がかかる
②家族入居の場合、入居の意思決定が単身者に比べて遅い
③部屋数が多いぶん、内装工事費用がワンルームより高い（単位面積あたりの内装費用は、東京も名古屋もほとんど変わらない）
④ワンルームに比べてマンション価格が高いのに、それに見合った家賃がとれない（投

資効率が悪い）

名古屋は東京と比較して、購入価格が低いだけに家賃も低いのですが、ファミリータイプだと、入居者の決定までに時間と内装コストがワンルームよりかかり、投資効率全体で考えると、不向きなのです。

そもそも、マンションのファミリー層に対する持ち家需要はあっても、賃貸需要は高くはありません。

投資の効率からすると、東京以外の選択肢はない

そのような背景もあり、結局のところ、

「東京、とくに23区内が最も賃貸需要が高くワンルーム投資に向いている地域であり、極端にいうと、自分自身がどこに住んでいても、東京以外でワンルーム投資を考えるべきではない」

という結論になります（なお、私は東京の通勤事情などを考えると、神奈川県の一部にも投資対象となる地域はあり、その地域の物件も購入しています）。

ここでは名古屋を例に挙げましたが、さらに効率の悪い状況が東京を除く全国各地のマ

ンションで起こっています。

管理コストや固定資産税の支払いなどを考えると、東京以外で投資用マンションを所有していること自体がリスクとなりかねません。

実際に、地方のマンションでは、中古販売価格が10万円以下でも売れない物件があるのです。

「人のいない場所でワンルーム投資は成り立たない」

というのは、不動産投資の基本中の基本ということを覚えておきましょう。

知識5
購入エリアは身の丈に合った条件で選ぶ

ここで、さらに実践的なテーマを取り上げておきましょう。購入エリアや立地についてです。

ワンルームマンションの購入において、立地は何より重要な要素です。自分で住むのであれば予算に応じて自分の好みで決めればよいのですが、投資用として賃貸に出す場合は自分の好みとは別の視点で検討することが大事です。

ところが、他人目線でといっても、頭金がほとんど用意できないのに超一等地の高額ワンルームを選ぶわけにもいきません。ローンを組んだ場合の重い返済負担に耐えられなくなってしまうからです。

そもそも、そのような借入れは金融機関から断られるケースもあります。

結局のところ、

「身の丈にあった条件で、他人目線で立地を選ぶ」

ということになります。

私は名古屋近郊に在住していますが、前述のように投資物件は、東京23区と神奈川県の一部以外は原則として考えていません。そこで、「東京23区内での購入エリアの検討ポイント」ということで考えていきます。

ローン負担や空室を意識した物件を

まず、東京23区のなかでも中心地にこだわりすぎると、中古ワンルームでも２０００万円、２５００万円と価格が高くなる物件もあります。すると、サラリーマンが用意できる頭金では、ローンを使っても手が出しにくくなります。

価格が高くなれば利回り計算の分母が大きくなり、利回りが低くなります。ローンの負担があれば、さらに前述した実質的な利回りは下がり、マイナスになる可能性もあります。他人に貸したとしても実質的な家賃収入が得られない状態、すなわち持ち出しが続くということです。

一方、都心の中心から離れると、価格は安くなって利回りが高くなりますが、空室率が高くなることも考えられます。35年家賃保障をうたっている業者でも、空室の期間は家賃保障してくれないケースも多いので、購入資金にローンがある場合には、収益性が急速に悪化しかねません。

投資の順番の〝王道〟を行く

投資の順番としては、初期には早めに収益を生むようにして収益を実感する必要があるため、都内の中心地にこだわりすぎず、都内でも、やや利回りの高めの物件を購入して実績を出し、徐々に安定性の高い人気エリアで2戸目、3戸目を購入していくという考えがよいでしょう。それがワンルーム投資の王道です。

なお、立地条件はあまりよいとはいえないところでも、駅から徒歩1～2分とか他の物件よりも広いなどの〝ストロングポイント〟があれば、入居者がつきやすく家賃も高めに設定できるケースがあります。

東京23区内で、山手線の内側か外側かは、私はそれほどこだわってはいません。それよりも最寄り駅に近く、風俗街などの少ない風紀的に健全な場所に立地していることを重視しています。

実際、2015年春現在、15戸のワンルームを保有していて、山手線の内側は2戸しかありません。それでも入居率はほぼ100％に近く、空室期間はほとんどありません。

具体的な購入エリアを見てみよう

では、私の経験を踏まえて、推奨できる具体的な購入エリアを見ていきましょう。私が5戸の物件を購入するとしたら、次の場所を選びます。

⑴ 品川・五反田に30分以内で入れる城南エリア（五反田から南西エリア）

品川はリニア駅のほか、東海道新幹線の拠点になりつつあり、羽田空港も近いので、ビジネスでの利便性や休日の利用でも押さえておきたいポイントです。

その品川や五反田に通勤などにも便利なエリアは、ワンルーム投資の「核」となるといってよいでしょう。

⑵ 武蔵小杉を中心としたエリア

東京23区ではありませんが、神奈川県川崎市の武蔵小杉駅周辺は渋谷と横浜の両方に急行だと15分圏内であり、ぜひ押さえておきたいエリアです。ここ10年ほどの発展ぶりだけを見ても、めざましいものがあります。

(3) 新宿まで15分程度で入れる城西エリア（山手線の西側地区）

世界一の乗降者数を誇る新宿に手軽に入れるエリアもおすすめです。

ただし、新宿駅の北東に位置する歌舞伎町など、たとえ駅に近くてもワンルーム投資としては避けたいスポットもあります。

(4) 渋谷・恵比寿まで15分で入れる城西エリア

この地区はワンルームマンションの王道といってもよいエリアです。

武蔵小杉駅周辺のほかでも、とくに東急東横線・田園都市線の沿線は人気が高く、条件さえ合えば即買いの地域です。

(5) 東京駅から恵比寿までの中央区・港区エリア

東京23区のもっとも再開発の集中するエリアです。短期的に見ると波があっても将来的に見て人口減少の心配は少なく、東京オリンピックまではとくにその恩恵を受けられるエリアです。

投資の安定性の面ではとくに優れています。ただし、現在は価格が高く利回りが低くなる点が欠点とはいえます。

1階の物件、日当りが悪い物件はどう判断する？

購入エリアを選定し、物件を選んでいくようになると、物件について気になることがいくつかあるはずです。その一例として、「1階の物件」があります。

1階の物件は、投資家からも入居者からも敬遠されがちです。ノンバンクのなかには、1階の投資用物件については融資を渋るようなところもあります。おそらく、空き巣の標的になりやすいといったイメージがあり、入居者がつきにくいと、結局、投資家のローン返済にも影響しかねないからでしょう。

また、ワンルームの上層階でも、日当りのよくない物件もあります。とくに最近では高層マンションの高層階でも北向きとなると、日当りがよくない場合があります。

自分が住む場合には、不満が残れば購入を避けることになりますが、投資物件の場合は、判断基準が少し異なります。入居者が選ぶ目線で考える必要があるのです。

一般に高層マンションの場合は、上層階に行くほど物件価格が高くなります。新築はもちろんのこと、中古でも似たような傾向があります。

この傾向は日当りについてもほぼ同様で、倍とまではいえなくても、同じワンルームでも日当りのよい部屋のほうが、物件価格が高くなるのです。

このことを逆に考えれば、1階や日当りがよくない物件は家賃を低く設定できるということです。大まかにいうと、相場に対して5000円くらいは家賃を低く設定できます（逆に、安く購入した1階や日当りのあまりよくないワンルームの家賃を、低く設定しなくてもよいという判断もできます）。

入居者のことを考えてみましょう。入居者には2階以上を選ぶ人もいれば、家賃の低い1階を選ぶ人もいます。ワンルームの場合、入居者には、

「昼間は勤めに出ているので、多少日当りがよくなくてもかまわない。それより、幹線道路と反対側で静かであれば、北向きでいっこうに気にしない」

という人もいます。

また、個人ではなく法人が賃貸契約する場合は、たいがい家賃の低いほうを選びます。法人契約の場合、個人契約より契約期間が長めになることを考えれば、オーナーにとってメリットもあるのです。

むしろ、立地がよくて、駅に近いなどマンションそのものに優位性があれば、1階や日当りが悪いワンルームでも、投資対象としての価値があるケースも考えられます。購入エ

リアの選定では、一般的に不利と考えられる条件に対してどう判断するか、そのつど考えておくとよいでしょう。

物件エリアの選定段階で、地震のリスクを踏まえる

マンションはRC（Reinforced Concrete＝鉄筋コンクリート）・SRC（Steel Reinforced Concrete＝鉄骨鉄筋コンクリート）構造なので、もし火災に見舞われたとしても躯体自体にはほとんど影響がありません。

そこが木造アパートとの決定的な違いです。

火災については、火災保険とともに施設賠償保険に加入していれば、消火の際の真下の部屋に対する水漏れも補償されるため、万一の際にもお金の持ち出しはなく、内側全面改装できるケースも珍しくありません。

ワンルーム投資での火災リスクに関しては、相当に大規模な火災を除き、保険の加入をしっかりとやっておけばリスクは小さくなります。

ところが、問題は地震です。これからワンルーム投資を始める際、地震リスクとその回避策について踏まえておくことはとても重要なポイントです。

4つの地震リスク回避法

地震リスクを事前に回避する方法は、主に次の4点があります。

(1) 購入対象を1981年以降の新耐震物件に限定する

実際に新耐震物件では、東日本大震災、阪神淡路大震災でも軽微な影響を除いてマンション自体に被害は出ていません。

(2) 地震保険に加入する

すべての損害が補償対象になる保険ではありませんが、入っておくに越したことはありません。

(3) 分散して購入する

複数のワンルームを購入する場合、1棟買いや同じマンションの別の部屋を購入するのではなく、ある程度は場所を分散させることです。

本当に大きな被害があるのは、断層の真上にある物件。これればかりは調査してもらわなければなりません。

(4) 中古物件の購入自体が地震対策となる

マンションを購入すると、土地の価格と建物の価格の按分表が入手できます。土地と建物で固定資産税の扱いが異なるためですが、物件が古いほど建物の価格割合が下がってきます。たとえば、25年以前の中古だと、物件価格のほとんどが土地代というケースもあります。それでも、立地さえよければ一定の家賃がそれなりに期待できるのです。

そうした物件であれば、「地震が起きて全壊しても土地代という資産は維持できる」という考え方もできます。

マンション価格に占める土地代の割合が高い、すなわち建物の価格割合が低い物件は、その面で地震に対するリスクが低いのです。建物が壊れても土地は残るということです。

このうち、購入エリアの選定の段階では、とくに(3)の対応法を踏まえておきたいものです。後述するように、ワンルーム投資は複数戸のワンルームを所有することで、よりスピード感のある資産形成につながります。ですから、購入エリアを分散して購入することを前提にエリアを選んでいくことが、地震リスク対策では欠かせません。

第2章

法人化するまでの私のワンルーム投資法

実際に投資をしている先輩の意見を受け入れる

ワンルーム投資に関しては、賛否両論、いろいろな意見があります。前述したように、私がワンルーム投資を始めるにあたって相談した税理士、不動産屋、銀行員の知人3人は、こぞって反対しました。

あとからわかったことですが、彼らは東京都心の中古ワンルームについてまったく興味や知識がなかったのです。知らないということと、当時は金儲けやバブル期からバブル後の不動産価格の乱高下といった投資のイメージの悪さから反対していたのです。

そうした意見もあり、私は少し慎重になりました。

一方、その私を尻目に、1年間で8戸を購入した知人もいます。

ワンルーム投資のセミナーで同じ受講者として知り合った人ですが、その後、私と彼とは何度もメールでやり取りし、都合のつく日は実際に会ったりして情報交換し、私が持っていたノウハウや知識も吸収して、どんどん先に進んでいったやり手の投資家です。

彼は、いまは勤めていた会社を辞め、マンション管理士として活躍しています。

そのような状況を見ると、結局、早期に安全にワンルーム投資を行う場合、「やる」と決めた以上は、自分の先をいくいろいろな先輩の意見を聞くのがいちばんだと思います。知識だけではなく、実践している先輩の意見です。

サラリーマンにとって、とくに不動産投資などの投資について勤務先で会話するのは気後れするもの。その点、同好の士が集まるセミナーだと相談相手も見つかりやすく、気兼ねなく話しかけることができます。

先輩の意見を自分なりに検証してみる

そうやって会話を交わすなかで疑問が生じたら、自分が信頼している不動産会社の営業マンにその内容を投げかけ、先輩と違う答えが返ってくれば、どちらが正しいことを言っているかを徹底的に調べる……、これがいちばんです。

金利がどうなるか、この物件の選び方で正しいか、不動産投資に否定的な家族の対処法など、交わす会話は多岐にわたります。

もちろん、本から得られる知識もとくに法律面では役立ち、重要なものです。しかし、著者は自分に都合の悪いことは書かないものです。

数億円分の資産を持っていることは書いても、同時に数億円の借入金があるとは書きません。

本から得る情報は、そのあたりのあまりオモテにはしたくないことを割り引いて受け取ったほうがいいでしょう。

始めるリスクと始めないロス

いまは私もいろいろな方から相談を受けます。

あるワンルーム投資セミナーにいつも参加し、私も懇意にしている方がいます。その人はたくさんの本で勉強し、不動産会社から資料を取り寄せたり、自分で現地へ出向いてみたりもしています。

でも、何年もワンルーム投資に踏み出せずにいます。

その気持ちは痛いほどわかります。

しかし、自分のことを振り返ってみても、始める前は相当勉強したつもりでも、入居者を確保し続けることの大変さや最適な家賃設定のあり方など、投資を始めてからわかったことが多いことは間違いありません。

１戸購入すれば、周辺の家賃相場が気になりますし、不動産屋の前を通れば物件情報をチェックするようになります。

地方に住む人で首都圏にワンルームを所有していれば、東京に行った際に、次の購入予定物件の周辺を散策したくなるものです。

不動産投資に関わりがある人は、よく「始めるリスクと始めないロス」といった言い方をします。私はリスクとロスを比較したとき、始めないロスのほうが大きいと考え、１戸目を購入しました。

なぜなら、サラリーマンとしての収入は重要ですが、それで家計をすべてまかなっているとのリスクが大きすぎると考えたからです。サラリーマンの立場はじつは不安定で、その給料だけに家計が依存していることに不安を感じていたのです。

ワンルーム投資は、このリスクの大きさに気づいた人だけが手にする果実といってもよいでしょう。

実践1

頭金の額は1戸目が現金で買えるくらいが理想的

ワンルーム投資を始めるには、頭金が必要です。では、いくらくらい用意すべきでしょうか。

それは、年齢や物件、金利動向、返済のスピードなどの条件によってずいぶん変わってきます。それらを踏まえて最低限の線としては、マンションの価格にもよりますが150万円を目安としておけばよいでしょう。物件価格1000万円クラスのワンルームを購入するとして、頭金として100万円、諸経費として50万円という感覚です。

もちろん、最初の物件を現金で購入するのであれば、その物件価格+諸経費の額が必要額です。

一方で、おすすめはしませんが、頭金ゼロや50万円程度で購入できる物件もあります。

ちなみに、私の場合は預貯金などを中心に自己資金4000万円ほどを用意し、ワンルーム投資を始めました。

いまの贅沢と明るい将来のどちらを選ぶか

若い人にとっては、150万円でも高いハードルかもしれません。

しかし、そのくらいの額を貯める覚悟がなければ、ワンルーム投資を続けることはムリだと思います。いまのぜいたくと明るい将来のどちらを選ぶかを、自分で判断しないといけないのです。

一方、もし年配の方が150万円で始める場合は、ローンの金利が上昇し、そこに給料の減額やリストラ、退職などが重なると、たちまち返済に追われ、その負担に耐えられないでしょう。

金利が上昇しない場合や固定金利で購入したケースであっても、実質的な家賃収入が低い状態が長く続き、投資の〝うれしさ〟を実感するまでに時間がかかります。

購入したワンルームからの家賃収入をローンの返済に回せばよいと単純計算するかもしれませんし、それが可能なところが不動産投資のメリットともいえます。

ところが、それだけでは実質の利回りが大きく低下し、最初の1戸は、

「返済のためだけにワンルーム投資をやっている」

といった状況になりかねません。

ですから、50代後半くらいの人に、

「頭金はいくらくらい必要ですか」

と聞かれれば、

「最初の1戸目はキャッシュで買えるくらいの額がないと、実際には続きませんよ」

と答えるしかありません。

20代のサラリーマンであれば、100万円、150万円の頭金でもスタートできますが、50代でも後半となるとそう簡単ではありません。

用意すべき頭金の額はそれくらいワンルーム投資を始める年齢によって差があるものだと考えてください。

実践2
投資用ローンは住宅用とはまったく別物

ワンルーム投資を現金で始めるのならともかく、ほとんどの人は必要な資金を借りることになります。不動産投資用のローンを組むわけです。

ローンに慣れていない人には、

「なんで、他人が住む部屋のためにローンまで借りなきゃいけないのか？　やるとしても、貯金の余裕分ですすべきだ」

という考えもあるでしょう。

しかし、後述するように、物件を数戸も保有するようになれば、ローンを組んだほうがトクになる（早く資産形成ができる）ケースもあります。

単に1戸だけで収益を判断するのではなく、長い目で、トータルで見て判断することも大切なのです。

その入口として、投資用ローンとはどのようなものかを見ていきます。

金利からローンを見る

中古ワンルーム投資でローンを組む場合は、自宅取得用ではなく投資用ローンになります。つまり、優遇金利や税額控除などで、新築・自宅用のローンとは扱いが異なる面があることをまず知っておいてください。

投資用ローンは、主に次の3種類に分かれます。

(1) 変動金利ローン（短期プライムレート）

今後、金利の上昇が見込まれるようなケースでは、長期間の借入れでは負担が大きくなります。そこで、金利の変動幅の比較的小さい短期プライムレートの変動金利を選択したほうがよいケースがあります。

(2) 変動金利ローン（長期プライムレート）

金利の変動幅は大きいのですが、短期プライムレートの金利より金利が大きく下回っている時期であれば水準そのものが下回るので、短期間で返済できそうな人にとってはより有利になります。

(3) 固定金利

自宅用ローンとは異なり、不動産投資用に固定金利でお金を貸してくれる金融機関は、じつはほとんどありません。

ただし、最近は政策金融公庫が売却益をねらうタイプではない不動産投資対象のローンに積極的に融資してくれるようになっています。

政策金融公庫の場合は政府系の金融機関であり、固定の低金利で金利上昇リスクがないなど、民間の投資用ローンに比べて金利設定なども有利な面があります。そこで、最大限、活用してみるべきです。

政策金融公庫の主な特徴を、５つほど挙げておきましょう。

①固定の低金利である
②融資の期間は基本10~15年だが、期間が短いほど金利が低く、また、女性に対しては最大20年まで対応する
③20代もしくは55歳以上の世代に対しては優遇金利で対応する
④融資額そのものは担保価値の40%から50%程度と低め
⑤土日の面談などはできず、基本は平日にこちらが出向かないといけない

まとめると、借りられる額には限度があるものの、女性の起業や社会進出を促進している面もあるということです。

このため、後述する「奥さんに社長になってもらって会社をつくる」「女性が不動産投資を行う」面でも有利な金融機関といえます。

ただし、政策金融公庫は国の政策により条件や方針がそのつど変更されます。いまのような好条件のまま長く続くことは考えられません。

したがって、借入れ金額が少ない人は、いまのうちに固定で借りておくことが、投資テクニック上、重要なポイントです。実際、5年前は投資用不動産に対する貸出しには積極的ではなかったのです。

ローンはワンルーム投資のメリットでもあり、最大のリスクでもある

ワンルーム投資で最大のリスクとは、「過度の負債」です。不動産投資で、短期間で月に100万円、200万円もの家賃収入を手に入れる人は、「数億円の負債によって生まれた純資産額ゼロの資産」によって実現している場合が多いことを忘れてはなりません。

金利が上がったり、空室期間が延びて入居率が下がったりすれば、いっぺんにその負債が負担として襲いかかってきます。もし、そうなれば資金繰りがつかず、破産するしか対

応の方法がありません。

大事なのは、負債をコントロールできる状態に保つこと。ひと言で述べると、負債を減らして純資産を増やすことしか方法がありません。

ローンを活用したワンルーム投資を安全に続けていくには、「借入金を減らすしかない」と肝に銘じておきましょう。サラリーマンがワンルーム投資を安全に続けるには、「まず、サラリーマンとしてがんばって安定した収入を稼いでくる」

この、あたり前の方法しかないのです。

金利動向に敏感になる

市中金利は多くの場合、10年物の長期国債の金利に連動します。

そこで、一般的な投資用ローンに関しては、借りた場合は長期国債の金利を日々確認し、現在の状況だと1・5％を超えるような状況になったら〝警戒水域〟に入ったと考えておくべきでしょう。

その場合、変動金利に関しては危険度が高まってきたと判断し、新しく借り入れて投資するより、「現在のローン残額を減らしていくようにすべき」ということです。

不動産会社の提携ローン先の判断基準

投資用ローンを組む場合は、物件を仲介してくれる不動産会社の提携ローン先から借り入れることがよくあります。

すると、資金調達の面でも不動産会社のアドバイスを受けることにもなります。

この際に借り入れるかどうかの判断基準は、まず、

「提携ローン会社がなかったり、あっても通常より2％以上も高い金利でしかローンが組めなかったりする場合は、金利リスクを考えると利用すべきではない」

ということです。むしろ、そのようなローン先としか提携していない不動産会社を選ぶべきではないともいえます。

ワンルーム投資の資料を入手したり投資セミナーに参加したりすると、不動産会社から電話による勧誘が頻繁にかかってくるようになります。この判断基準は、そのような勧誘をかけてくる不動産会社を利用すべきかどうかを判断するときの基準にもなります。

優秀な不動産会社は、実績のある優秀なローン先と提携しているものです。

とくに地方に住むワンルーム投資家の場合は、地元の地銀を提携先としている不動産会

繰上げ返済で資産形成のスピードを上げる

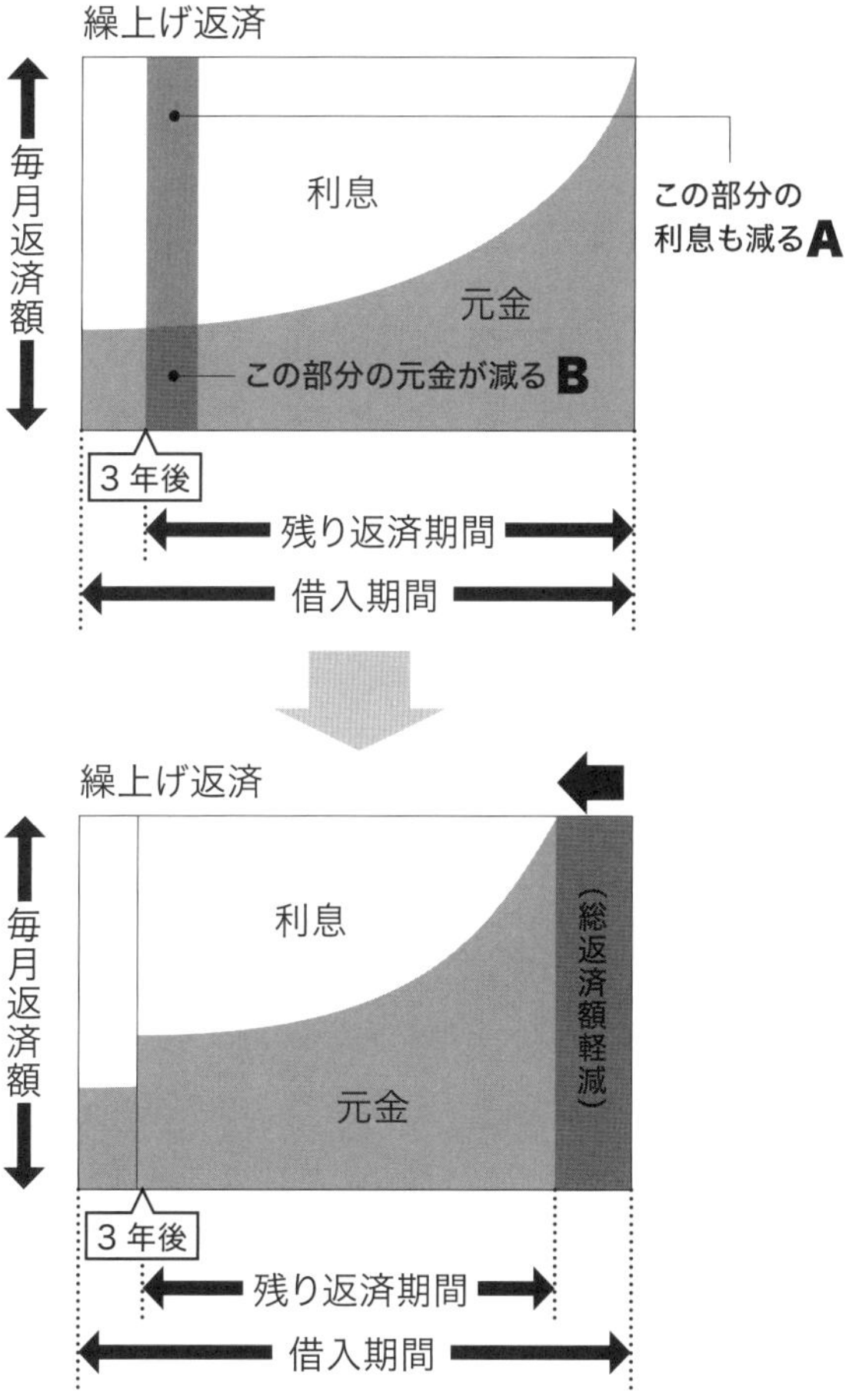

A＋Bの部分の返済期間が短くなり、
利息も節約、総返済期間も減少。

社だと馴染みがあるかもしれません。

ところが、地元地銀だと、投資家にとってかなり不利な、つまり高い金利を設定されるケースもあります。

馴染みがあるということだけで判断するのは避けたほうがよいでしょう。

金利の上昇リスクに備える

前述のように、ワンルーム投資にとって、ローンは避けて通ることができません。ローンをできるだけ背負いたくないという気持ちは誰でもあるもの。安全性を重視したいため、手持ちの現金がある人は現金のみでワンルーム投資を進めたくなるものです。

ところが、ローンには、前ページの図に示すように、結局早い段階で活用して、繰上げ返済を進めるほうが資産形成のスピードが加速するという面があります。

現金で不動産投資を進めるよりも借入金を活用したほうが、資産の早期形成につながり、実質的な家賃収入を早期に得られることになるのです。

金利上昇リスクに備えるには早く返すことがいちばんです。早く返すことにより、資産形成スピードがよりアップするということを理解しておきましょう。

金融機関側の事情を知る

ただし、ローンを活用しようといっても、お金を貸し出す金融機関も当然ながら債務不履行になりそうな相手には貸したがりません。

貸す相手がサラリーマンであれば、勤めている会社での勤続年数や年収、会社の規模などを確認します。公務員であれば一般の民間企業に勤める人より、さらに借りやすくなります。この点では、普通の主婦が最初からローンを使ってワンルーム投資を始めるのは不利でしょう。

ただし、夫が勤める会社での勤続年数が長く、一流企業に勤めて年収が高く、そのうえで夫が連帯保証人になることで奥さんにお金を貸すことになれば、金融機関も少しは安心するはずです。

一方、すでに数戸のワンルームを所有したうえで借りる場合は、その数戸の実績がものをいいます。その数戸の借入れの返済が滞りなく進んでいれば金融機関も安心するはずですし、実質的にその返済の終わった数戸のワンルームを担保にできるからです。

このような借入れの面を考えると、最初は個人としてワンルーム投資を始め、数戸で収益が上がる状態になってから法人化し、法人化して以降は法人で借入れをすることがベストな選択になります。

私の場合もそのようにしました。

借入れ金利の基準は?

借入金の金利は、できるだけ低金利で借りないといけません。ところが、金融機関も安定性が低いと判断すれば、貸したとしても金利を高く設定します。

その借入れ金利の基準は、

「他の金融機関の金利よりも2%高いかどうか」

です。高い場合は、「その物件に投資できるだけの諸々の条件や資格といったものが、まだ自分には備わっていない」と考え、その借入れと投資を中止すべきです。

さらに、借りた場合は金利上昇リスクに備えておかなければなりません。その目標の基準は、早期に返済することと、全投資額の40～50%以下につねに借入れ額が収まるようにすることです。

多額の借入れを行った場合や高めの金利で借りた場合は、借入れ額の割合が40%以下程度になるまで、より積極的に繰上げ返済を重ねましょう。

もし、金融機関の審査が通らず借入れができず、「それでもワンルーム投資を始めた

入居者が返済に協力してくれる（家賃７万円の場合）

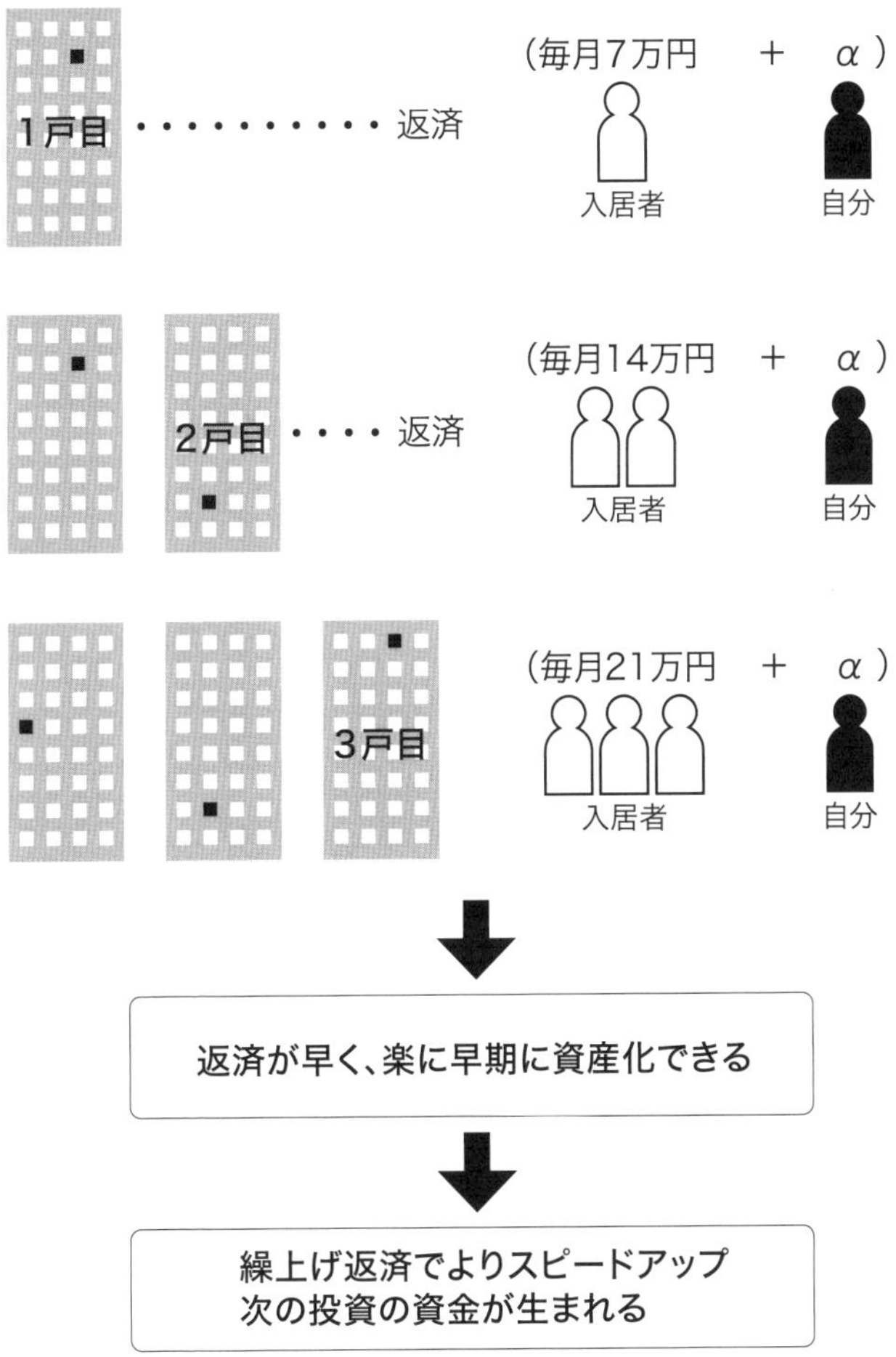

い」と思う場合はどうしたらよいでしょうか。

その場合はがんばって資金をつくり、８００万円程度の安めの物件をターゲットに現金での購入をめざします。それ以外の方法はありません。

安めの物件でも現金で手に入れ、家賃収入が入ってくるようになれば、きっとその先の道が開かれます。

最大のリスクを味方にする

不動産の最大の敵は借入金です。頭金を用意し、投資のスピードを上げる意味では味方でもありますが、敵に回るときは徹底的に敵になる……、それが借入金というものです。

その敵を押さえ込む最大の味方は何でしょうか？　それは純資産です。

純資産とは、すべての資産から負債を除いた金額です。事実上、不動産に投入した現金の総計と考えてよいでしょう。

なお、その純資産の拡大を実現してくれるのは、あなた独りではありません。重要な味方がいます。

それは、前ページ図のように、あなたの借入金を一緒になって返済してくれて、負債を減らしてくれる入居者です。これが他の投資と不動産投資の差であり、自宅用の物件の購入と投資用物件の差です。

将棋でいえば、借入金と純資産の力が互角となったとき、入居者が味方についている分、自軍が有利になります。敵から借入金という駒を取っていけば、純資産という味方の駒として使うことができます。

それが重なれば、借金という敵を一挙に圧倒してくれるのです。

実践3

生命保険もローンに応じて見直そう

不動産投資用のローンには、通常、借りた人が死亡した場合に残りの債務の支払いが免除される団体信用生命保険が組み込まれています。その保険の保険料が金利として組み込まれているわけです。

団体信用生命保険はローンの活用の際に不可避ともいえますが、単にそれだけ金利分が高くなると考えてはいけません。

金利が高くなると考えるのではなく、従来、契約していた生命保険を見直し、トータルで安心できる状態にしておくことが大切です。

団体信用生命保険の損得計算

その大まかな損得計算をしてみます。

たとえば、自分が死亡して3000万円を一括して死亡保険金として遺族が受け取ったとしましょう。

遺族が月30万円ずつ使ったとすると、8年ちょっとで使い切ります。

一方、団体信用生命保険に加入してワンルーム投資を数戸行っていて、残りの債務が3000万円あったとします。

そして、ローンの返済を引いた実質家賃が月12万円得られている人であれば、残りの債務の3000万円の返済の必要がなくなり、家賃と合わせて毎月30万円で遺族の生活が賄えることになります。

そして、受取金額が多少減る可能性はありますが、死亡保険金のように、8年で使い切ることはありません。

通常はワンルーム投資を行うと、ローンを組めば自動的に団体信用生命保険に加入することになり、

「それによって、これまで加入してきた生命保険を見直したほうがよい」

ということになります。

ひと言で述べると、これまで加入してきた生命保険は減額するか解約したほうがよいでしょう。投資用ローンに関する団体信用生命保険が、これまで加入していた生命保険によ る保障をカバーしてくれるからです。

その部分までしっかりとアドバイスしてくれる不動産会社もあります。

私の場合は、死亡保険金をゼロに

私の場合は、投資用ローンを使って団体信用生命保険に加入することで、生命保険を見直し、見直しによって浮いたお金を繰上げ返済に回しました。10年かかるはずの返済を6年で終え、返済のスピードを上げたわけです。

具体的には、私が自分に掛けていた生命保険は入院給付金を残し、4000万円だった死亡保険金をゼロにしました。

「私が死んだときには、すでに保有しているワンルームから家賃収入を75万円は確保し続けることできる」

と算段したうえでの見直しです。

実践4

管理会社選びは7つの基準から

サラリーマンがワンルーム投資を行う場合、物件の選定・購入、入居者の募集、日頃の管理、修繕などをすべて自分で行う人はきわめて少ないはずです。

多くのサラリーマン投資家は、それらの業務のうち、とくに賃貸の仲介・管理業務は信頼できる管理会社に委託しています。

その点、どんな管理会社に依頼するかも、ワンルーム投資では重要なポイントです。

私自身の例をとれば、物件の購入（仲介）から管理まで、ある不動産会社に委託しています。10年ほど前にワンルーム投資を始めたころ、東京で中古ワンルームを扱う数社のなかから実績も豊富で安全性が高いのではないかと選択した会社です。

もし、管理会社の選択を間違えてしまうと、自分が思ったような管理をしてもらえなかったり、空室期間が長引いたり、その結果、見込んでいた利回りが実現できなかったりして、失敗してしまいます。

委託した管理会社の倒産もあり得るので、管理会社選びは重要なものなのです。

実際にワンルームを購入する場合においても、本を何冊も読み込み、多くの不動産投資セミナーで勉強したとしても、現場経験の長い管理会社の営業マンに勝てるものではありません。

ただし、本の著者が自分にとって不利な話をしないように、営業マンも自社にとって不利な話はしないものです。だからこそ、本気で投資家の利益を考えてくれる管理会社を自分自身の目で判断して選ぶことが大切なのです。

セミナーに参加して感触をつかむ

ワンルーム投資の管理会社の選択は、それぞれの管理会社が主催する不動産投資セミナーに参加して感触をつかむのがいちばんです。

セミナーには投資家個人で参加するケースが多いのですが、夫婦一緒に参加したり話し合ったりしている人を見かけることもあります。

インターネットの口コミなどを参考に管理会社を選ぶのもよいのですが、ライバル会社などからの批判的な書き込みを見かけることもあるので、鵜呑みにしすぎないほうがよいでしょう。

最終的には、次のような具体的な内容を直接、面談して確認し、自分と相性が合うかどうかを自分自身で判断することになります。

(1) 会社の設立からの年数と社員数

業歴が長いということは、購入者からそれだけ支持されているということです。明確な判断基準ではありませんが、私は15年以上くらいの業歴が必要だと考えています。

15年という期間の長さは、バブル景気後の景気低迷期、リーマンショック、震災などを経験し、そうした難局を乗り越えて勝ち残ってきた会社であるという業歴を示しています。

社員数は、販売、契約、経理、仕入、管理など不動産会社としての業務を部課に分かれて行うには50名以上(できれば100名以上)の従業員は必要です。

そうした人員も、判断材料の一つになります。

新しい会社では社員数が10名以下のところも多く、セミナーに参加したり面談したりしたあとに営業電話を頻繁にかけてくるところもあります。前述した基準に照らし合わせると、規模が小さいことはそれだけで致命的なのも事実です。

なお、とくに小さい会社の場合、事実上、無店舗で営業しているところもあります。ですから、自分でその会社を実際に訪問して、社員が働いている様子を直接確認することも大切です。

小さくても優れた会社はたくさん存在しますが、委託する管理会社を選ぶ場合は大きくなって社会の評価が得られてからつきあうという考えでよいのではないでしょうか。

(2)管理戸数

管理戸数も多いほうがよいでしょう。管理戸数が多いと、管理に対応する人員の配置など管理効率がよくなります。それは結局、投資家が支払う管理費の負担減につながります。さらに、賃借人の退去後の内装工事の期間やコストなどにも影響してきます。

ワンルームだと、最低でも1000戸以上の管理実績が必要だと考えています。

(3)宅建業免許の確認

不動産業に対しては、都道府県から宅建業者のナンバーが付与されています。そのナンバーがわかれば、過去の違反の状況なども調べることができます。

(4)入居率

管理を委託する場合、入居率は私たち投資家の家賃収入、利益に直結します。とても重要な指標なので、入居率が95％以上を確保できていない会社は問題外くらいに判断しておいてもよいでしょう。

また、入居率の計算方法も会社によってまちまちです。どのような基準をもとに計算しているかも確認しておいたほうがよいでしょう。計算方法によって入居率を高く見せることは簡単なことだからです。

⑸ 家賃の滞納への対処

投資家にとって、入居者の滞納により家賃が入ってこない状態は最悪です。とくにサラリーマン投資家が滞納問題を自分で解決するのは、会社勤めを休んで対応しなければならないケースもあり、事実上不可能です。

そのため、入居者が家賃を滞納した場合でも一〇〇％保障してくれる管理会社、滞納の回収を任せられる会社に委託することが絶対条件になります。

⑹ 営業姿勢

ワンルーム投資では、投資家の属性により、ローン審査が通りにくいケースがあります。その場合、高利のローン会社を紹介するという営業姿勢は、投資家の利益より販売する側の利益を優先させる行為として信頼できません。

また、投資家の安全を無視して、過剰にローンを組ませて購入させる営業姿勢も考えものです。複数の所有物件で空室がたまたま重なったり、金利が上昇したりした場合に、投資家がローンの返済負担に耐えられなくなってしまうからです。

ですから、「いまは新しい物件をローンで購入するより、返済を少しでも早く終わらせ、より物件の純資産化を図りましょう」などとアドバイスしてくれるような営業姿勢の会社のほうが好ましいといえます。

(7) 社員自身が自社のシステムで購入している

この点は、その管理会社の考え方や対応にもよりますが、あなた自身が管理業務などを委託する会社のシステムが本当に最適であれば、まだローンの審査が通りにくい若い社員や転職後まもない社員を除いて、その会社の社員が自社のシステムを活用して物件を購入したり、不動産投資を行ったりしているはずです。

その点から考えると、自社のいいところをアピールしても社員たちがそれをまったく使っていないということは、何か問題があると考えてよいのかもしれません。

管理会社選びの７つの基準

⑴ 会社の設立からの年数と社員数

⑵ 管理戸数

⑶ 宅建業免許の確認

⑷ 入居率

⑸ 家賃の滞納への対処

⑹ 営業姿勢

⑺ 社員自身が自社のシステムで購入している

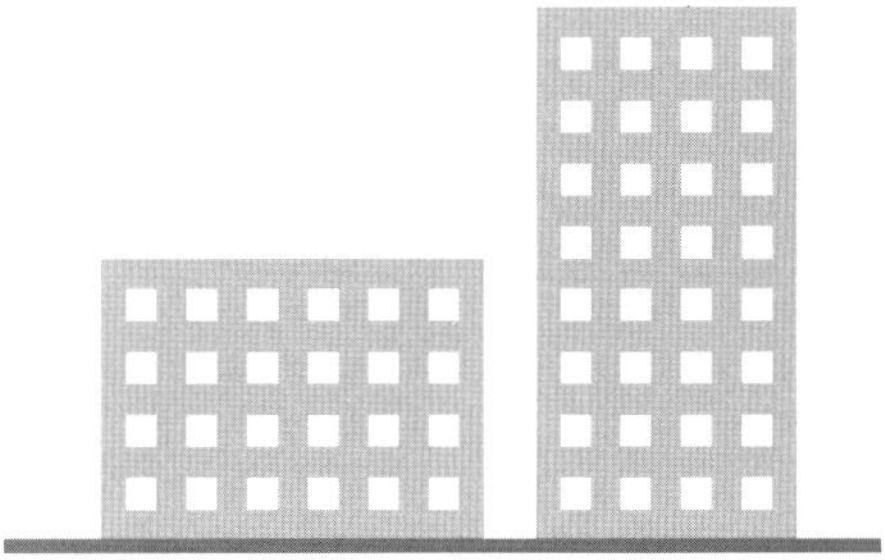

実践5

エリア・物件は実際に見に行って決めよう

大まかな知識を得て、ワンルーム投資の下準備ができたら、不動産会社へ物件の購入の相談をしていきます。

ここで押さえておきたいのは、ワンルーム投資は、実際に購入して管理の委託先を決めたら、あとは任せておけばよいということです。

そのため、投資家としては物件の購入までが第一に重要であり、購入の仲介から賃貸の管理業務までまるごと引き受けてくれる不動産会社を選んだほうが、面倒がないということです。

もちろん購入物件の管理を自分で行う場合、管理の手法も重要なポイントですが、実態としては少数派です。

投資家にとって重要なことは、投資対象物件をできるだけ早く確かめることです。他の投資家に購入を決められたりするので、購入するまでのフットワークの軽さがあるかどうかで、選んだ結果に大きな差がつくといってよいでしょう。

見に行かないという考え方は？

ところで、「自分が住むのではないから、物件は見にいかなくてもよい」という考え方の投資家がいます。むしろ、「客観的に物件の善し悪しを判断するには、客観的な意見に任せ、見に行かないほうがよい」という考え方もあります。

しかし、私は「見に行ったほうがよい」と考えるタイプです。とくに夜明け頃や深夜などにも時間や労力の許す限り物件を見に行って、「このマンションが賃貸に出ていたら、想定される入居者は借りて住みたいと思うか」を自分の目で判断することも大切だと考えています。それはフットワークの違いということもできます。

また、何度も不動産会社を訪れ、紹介された物件に足を運ぶことで、不動産会社との信頼関係ができていれば、掘り出し物を真っ先に紹介してくれるケースもあります。

一方で、対象物件の近くに住んでいても、見に行かずに投資しようかどうかと悩んでしまっている人、物件購入の必要金額の資金繰りの部分で悩んでいても対策に動けない人、いろいろな問題があって解決に向けて動けない人などもいます。それらの人はチャンスを逃しているとさえいえます。

資金が不足しているなら、まず両親や兄弟にすぐに相談してみるべきですし、融資を受けることなど解決すべき問題があるなら、まず不動産会社の営業マンに相談してみるべきです。

本当は、地方に住んでいても、休日を利用して何度も候補物件を見に行くべき。地方のサラリーマンなら、東京出張の際の空き時間を利用する方法もあるでしょう。

購入まではフットワークを軽くして、何でも実際に自分の目で確かめてみて、問題があればどう解決できるかどうか不動産会社に相談してみます。

リフォームで対応できるケースもあるでしょう。物件の立地などの場合は解決できない面もあるので、購入対象から外すこともあります。その過程で、違う手段を発見したり、解決に向けたアイデア・ヒントが得られたりするケースが多いものです。

購入物件の確認事項は？

入居者が住んでいる物件のオーナーが変わるオーナーチェンジの場合は、入居者がいるため内部の部屋の確認はできません。その場合の確認は、エントランスや通路までにとどまります。

しかし、空室の物件であれば、不動産会社の人に同行してもらったり、売主や管理人に

購入物件の確認事項一覧表

(1) 最寄り駅から歩いてみて、最短の通り道のほか、深夜を想定した比較的明るい広い道の通り方などをチェックする。複数の駅が利用できる物件は、それぞれの駅について、同様の通り道をチェックする

(2) コンビニや日常の買い物をするスーパーの位置を確認する

(3) 日当りや騒音状況などを確認する

(4) マンション内のエントランス、廊下、エレベータ、ゴミ置き場、駐輪場など各エリアの清掃状況、実際の使われ方を確認する

(5) 郵便受けの状態（きちんと使われているか、など）を確認する

(6) オートロックの作動状況を確認する

(7) 外壁の状況（吹き付けよりタイル貼りのほうが修繕がききやすく、よってローンの審査も通りやすいといったこともある）を確認する

(8) 周囲の道路や建物の状況（工事・建設途中のものはないか、など）を確認する

事前に話を通したりして、部屋のなかを確認することもできます。

ワンルームの部屋、図面に描かれていること以外にも、周辺地域や外回りなど、チェックしておくべき部分はたくさんあります。それを前ページの表に示しました。

通常は、事前資料によって多くの情報を得ているはずなので、実際に見たうえで「購入しない」と決めることは、じつはほとんどありません。

そのような場合があるとすれば、事前情報の内容や入手の方法にミスはなかったか、自分自身の購入意欲にあいまいな部分がなかったかと考える必要もあります。

また、物件を見に行くと、その情報やイメージ、土地勘といったものを、次の購入候補エリアや物件の選定に活かせるものです。物件の見学は、対象物件だけのことではなく、少し広い視野で見ていきましょう。

次に狙っているエリアを自分の足で歩いてみる

購入候補の物件だけでなく、今後、自分が購入したいと思うエリアも歩いてみましょう。最近は、グーグルのストリートビュー機能で、次に狙っているエリアについてパソコンを使って見ることができますし、航空写真で確認することもできます。

そういったＩＴも利用して、さらに自分の足で次に狙っているエリアを見て回ることをおすすめします。

それでも徒歩によるアナログ感覚での確認の重要性は変わりません。

グーグルのストリートビュー機能では、交通騒音についてはわかりませんし、「大病院がそばにある」という利便性のよさが、一面では深夜・未明に救急車がサイレン音を立ててひっきりなしに通るという事情になっていることもあり得ます。警察署が近いという安全性も、逆に深夜にも人の出入りが多いということにつながり得るのです。

すでに発表されている再開発の状況のほかにも、次に狙っているエリア内に再開発したほうがよさそうなエリアなどが見つかったりもします。すると、今後伸びそうなエリアかどうかも、感覚的ながらつかめます。

「このマンションの物件が売りに出ないかな」と次のエリアでターゲットを特定することもできるのです。

また、駅の周辺など同じ徒歩5分圏内でも近いと感じるところと遠いと感じるところの差があります。大きな地下鉄駅では入口から改札まで、かなりの時間がかかる駅もあります。そのような〝肌感覚〟での土地勘は、次に狙っているエリアを絞っていく際、また、絞ったエリアの物件情報が出たときに即決できるスピード感覚などをつけるうえでも役立つでしょう。

私の投資のホップ、ステップ、ジャンプ

不動産投資のセミナーに参加したり、セミナーを主催する不動産会社から資料を取り寄せたり、関連する本を読んだりして知識を身につけたら、管理をお願いできそうな不動産会社などを通じて実際の購入の第一歩を踏み出すことになります。

1戸目を購入する際は、かなりの勇気が必要でしょう。私も最初のワンルーム投資では、税理士、不動産業者、銀行員などの知人に相談してみたのですが、答えは一様に「やめておけ」のひと言でした。

私がワンルーム投資を始めた当時は、まだ、いまほどはワンルーム投資の情報も充実していなかったので、私の今後を案じてくれたうえでの発言だと思います。

しかし、そうした否定的な答えを聞くと、よけいに一歩を踏み出せなくなってしまったことを覚えています。

ホップ　1戸目は、物件選びより購入する不動産選びが重要

私が1戸目を検討していた2003年ごろの株式相場は、過去とは、また最近とも比べものにならないくらい低迷していました。私はインターネットで株式投資を行っていましたが、3月あたりにはイラク戦争の開戦の見込みから日経平均株価が7000円台に突入し、1万円台に回復したのは同じ年の8月でした。

そんな不安定さから、一定額以上は株に投入する気持ちになれませんでした。

一方、不動産投資のほうも、自分なりに勉強していたとはいっても、自信半分、不安半分です。そのとき、背中を押してくれたのは、物件そのもののよさというより、物件をどの会社から購入するか、その購入をすすめてくれた不動産会社です。

結局のところ、ワンルーム投資をはじめ不動産投資では、物件の売買・仲介、賃貸管理まで、すべてにわたって不動産会社に大きく依存することになります。

ですから、最初は物件選びと同様に、というより物件選び以上に購入する不動産会社をどこにするかを選ぶことが重要となってきます。

実際には、不動産会社の仲介で購入するより売主である不動産会社から購入したほう

が、販売価格の設定にも左右されますが、物件価格×3%+6万円（消費税別）の仲介手数料を支払わなくてもよいのです。その分、購入価格が安くなるといったメリットがあります。

そのため、私は最初の1戸は自分で選んだ不動産会社が売主である物件を購入しました。

ステップ　2戸目の購入まではより慎重に

2戸目の購入は、1戸目の購入から1年以上経ってからです。1年以上も購入する間隔を空けた理由は、不動産会社の物件の紹介から管理に至るまでの実力を確認するのに時間をかけたからです。実力とは140ページで述べる管理業務を本当にきちんとやってくれるかということ。それをできるだけ確認したかったのです。

じつは、資金的には5～6戸を現金でいっぺんに購入することもできました。しかし、2戸目の購入には慎重のうえにも慎重を期したのです。

結局、ワンルーム投資を始めて2年間で購入した物件は3戸で、この慎重さは結果論としては不満が残るところです。

当時はマンション価格が底値にあったことはあとからわかったことで、しかたがないともいえます。ですが、いま思えば、底値の時期には早く買っておくべきだったと思います。

もちろん、この後悔は、その後も買い続けるだけに知識と経験が身についたうえでの後悔だったともいえます。

ジャンプ 3戸目以降は借金を活かして対応

3戸目以降の購入については、ローンをうまく活用しました。

1戸から得られる家賃収入を仮に6万円とします。2戸の現金で購入したワンルームを担保に3戸目のワンルームをローンで購入し、3戸全部から得られる家賃収入をローンの返済にあてれば、毎月18万円ずつ返済していくことができます。そうすると71ページの図のように、1戸の家賃収入からローンを返済していくより、スピードアップして返済が完了することになります。

その間の生活費はサラリーマンとしての給料でやりくりします。この手法はサラリーマンのように別の収入がある人でないと、できない手法でしょう。

返済までの間、家賃収入を自由に使うことができませんが、完済までの期間が短くなるので、ワンルームという自分の純資産を早く手に入れることができます。途中で繰上げ返済を行えば、完済までの期間はより短縮できます。

いったん、全家賃収入で次のワンルーム投資のローン返済を行うというサイクルができ上がれば、あとは自分の置かれた状況に応じて4戸目、5戸目と物件を増やしていけばよいのです。

この好循環が実現すると、投資物件が増えること自体が楽しくなります。まさに、サラリーマンの給料とは別の収益の柱が自己増殖しながらでき上がっていくのです。

第3章

妻を社長にした会社をつくる！

2004年のスタートで、最初は慎重に

私のワンルーム投資の実績は現在15戸です。最初のうちはサラリーマンである私が行い、12戸目のワンルームから妻に社長になってもらった会社での投資に切り換えました。私の不動産収入が増えるにつれて、知人の税理士などからも法人化して節税を考えたほうがよいのでは？　というアドバイスを受けていて、実行に移しました。

切り換えたといっても、妻が経営する会社に私が個人で所有していた物件をサブリースするので、運営の実際のところはほとんど変わっていません。会社を設立して経理のしかたが法人と個人では異なること、私自身の個人の所得税の確定申告のほかに、妻の会社の決算申告が加わったくらいです。

私のワンルーム投資の内容については、次ページに一覧表を示しておきます。その投資内容をかいつまんでお伝えしましょう。

購入物件の一覧

購入年 (月)	住所	価格 (万円)	家賃 (円)	管理費① (円)	管理費② (円)	利回り (%)	税金 (円)	年間手取り家賃収入 (円)
2004 (7)	大田区 南久が原	1,250	74,000	12,860	3,240	5.56	40,100	694,800
2005 (3)	大田区 南雪谷	950	66,000	10,280	3,240	6.63	25,700	629,760
2005 (5)	杉並区 方南	1,450	81,000	10,850	3,240	5.54	39,300	802,920
2006 (6)	目黒区 大橋	1,500	80,000	7,800	3,240	5.51	40,700	827,520
2006 (9)	新宿区 西新宿	1,000	74,000	17,360	3,240	6.41	41,700	640,800
2007 (1)	杉並区 永福	1,100	67,000	13,950	3,240	5.43	26,300	597,720
2007 (10)	目黒区南	1,020	68,000	6,605	3,240	6.84	23,700	697,860
2008 (10)	中央区 月島	1,250	76,000	10,500	3,240	5.98	34,400	747,120
2009 (9)	川崎市 中原区	1,170	73,000	11,300	3,240	6.00	35,700	701.520
2009 (12)	渋谷区 桜丘町	980	83,000	16,000	3,240	7.81	63,200	765,120
2010 (4)	中央区 銀座	1,950	115,000	11,400	3,240	6.18	56,500	1,204,320
2012 (10)	新宿区 西新宿	1,620	88,500	8,500	3,240	5.69	46,700	921,120
2013 (6)	新宿区 西新宿	1,650	89,000	12,170	3,240	5.35	51,300	883,080
2014 (6)	港区 麻布	1,950	92,000	13,220	3,240	4.65	47,400	906,480
2014 (8)	港区 六本木	2,060	94,000	12,000	3,240	4.59	56,200	945,120
		総額 20,900				平均 5.73		年間 11,965,260

管理費① 入居者から得る賃貸管理費収入　管理費② 賃貸管理業者へ支出する管理手数料

2004年の投資は1戸のみ

①大田区・南久が原のワンルーム

都心の中心地からは遠すぎるのではないかと懸念した物件ですが、五反田からは東急池上線で15分ほど。最寄りの久が原駅まで1分の立地ということもあり、入居者の通勤に支障はないと感じ、現金で購入しました。

2005年には2戸を購入

②大田区・南雪谷のワンルーム

1戸目と同様に、五反田から通勤10分ほどの物件です。管理会社が本当にきちんと管理してくれるのか、その実力を確認することもあり、1年間ほど期間を空けてから購入しました。購入価格が安めだったので、利回りがしっかり取れる物件です。

③杉並区・方南のワンルーム

最寄り駅は京王線の笹塚で、新宿から至近の最高の立地条件の物件です。この物件で、初めてローンを活用しました。現金で購入した2戸のワンルームから得られる家賃を活用して返済できるので、返済期間は8年と短期です。

資産が複利で増え、ワンルーム投資に加速度がつく

ここで、投資のスピードに加速度がつくということについて触れておきましょう。

通常、ワンルームを購入すると、購入価格を不動産市場に投入して、毎月、一定の家賃収入というインカムゲインを得ることになります。それは単利か複利かでいうと、月利・単利です。

ただし、この単利の家賃収入を複利と同じように効果的に使うことができれば、効率的な投資ができることになります。すなわち、毎月、銀行口座に入ってくる家賃収入を、収益を生まない貯金・資金とするのではなく、再投資に回すための資産とするのです。

単純にいうと、まず、ローンのない2戸のワンルームから得られる家賃収入をローンで購入した3戸目の返済にあてれば、ローンの早期返済が実現できます。ローンの完済までの期間を短縮するだけでなく、短縮した期間の支払利息も節約できます。

資金が資産化する？

1500万円のローンで購入した家賃7万円の物件があり、そのローンをその物件の家賃だけで返済しようとすると、完済までに実際には金利分も踏まえて26年近くかかる計算になります。

しかし、先に購入したワンルーム2戸から得られる家賃を加え、総額21万円を返済に回していけば7年弱で完済できる計算になります。さらに、500万円ほどの金利の節約にもなるのです。

毎月、ローン返済が行われると、支払利息は減り、元本充当部分は大きくなります。次ページ図のように、家賃収入という資金が資産化していくことになるのです。

家賃収入に複利効果を持たせる

これは、家賃収入に複利効果を持たせるということです。投資に消極的な人の場合は、つい、

「家賃収入を貯めてから、次の物件の購入資金にあてよう」

という考え方になりがちです。妻も最初はそのような考えをしていました。

家賃収入を資産に、さらに次の投資の資金に

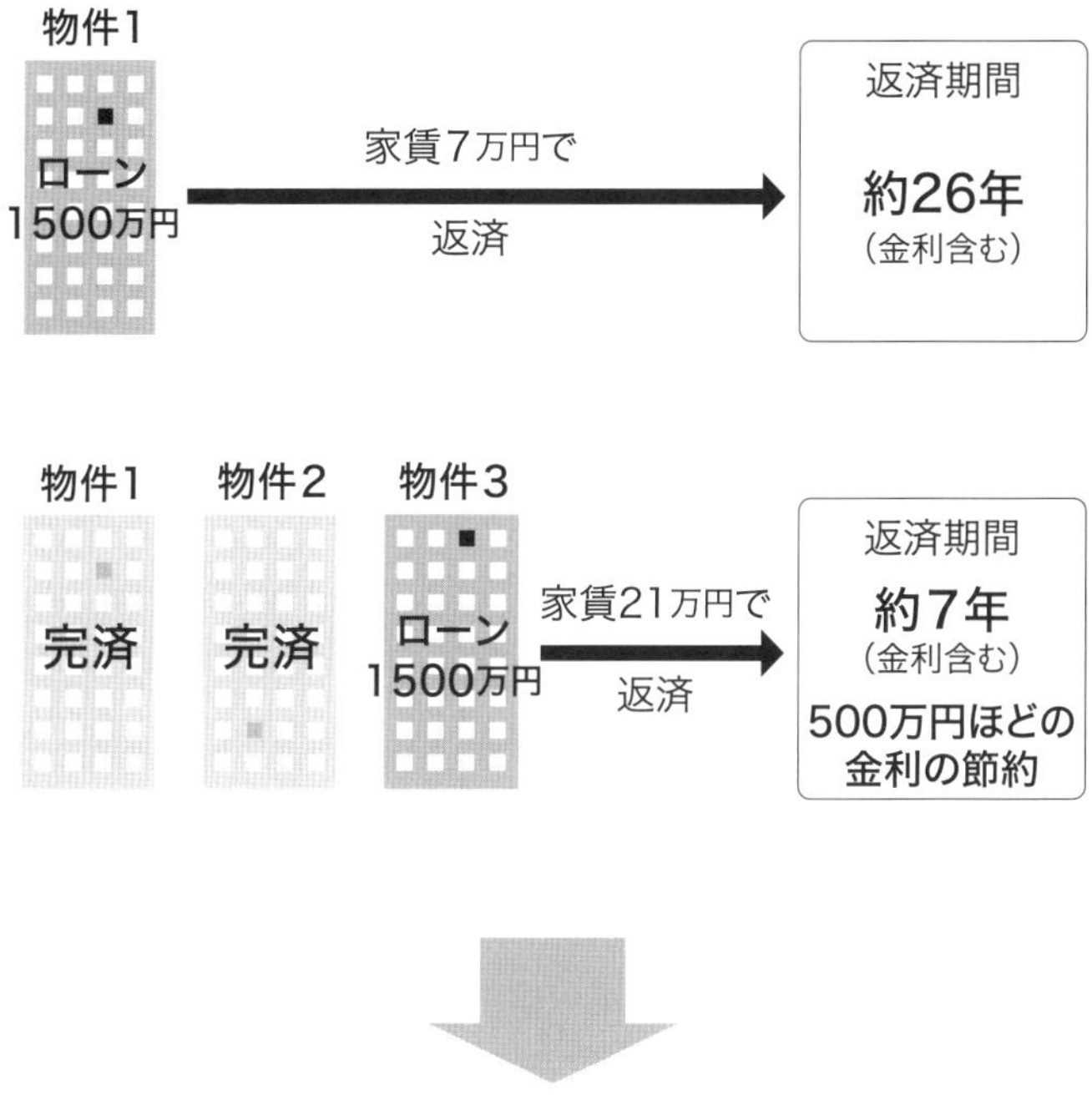

早期に資産化

次の投資の
資金にもできる!

しかし、会社で経営するともなると、これとは別の考え方も必要になります。家賃収入を貯めてから物件を購入するより、家賃収入を上手に使ってローンで物件を購入するという考え方で進めることで、投資に加速度がつきます。つまり、あえてローンを組むことで複利効果が発生するのです。

2005年までの2年間で購入した3戸で、私はこのことを実践的に理解できました。その意味でも、意義のある購入経験だったと思います。

では、2006年から会社設立までの、私の投資内容をかいつまんで紹介しておきます。2006年以降2010年までは、順調に毎年1~2戸の購入を進めました。

2006年は2戸を購入

④目黒区・池尻大橋のワンルーム

物件のある池尻大橋が渋谷に歩いても行ける距離であり、現地を確認したところ、周辺では再開発を進めていて、購入する必要性を強く感じました。ただし、現金での購入には資金が足りず、杉並区・方南のワンルームのローン返済を引きずっていたこともあり、当時、10年以上続けてきた株式投資から撤退し、保有していた金（GOLD）も売却して購入資金に充当し、現金で購入しました。

⑤ 新宿区・新宿5丁目のワンルーム

立地条件は抜群で、不動産会社の営業マンに「周辺の容積率が１０００％のところに４００％の物件ですから、再開発の可能性がありますよ」と聞かされ、購入意欲が湧きました。

2007年は2戸を購入

⑥ 杉並区・永福のワンルーム

永福は京王線と井の頭線の交差する明大前の隣駅です。新宿にも渋谷にも便がよく、駅と物件の間にスーパーやコンビニもあることなど、総じて利便性のよさを評価し、購入を決めました。

⑦ 目黒区・南（洗足）のワンルーム

東急東横線の都立大学駅と目黒線の洗足駅の両方に徒歩10分ほどで、渋谷にも目黒にも利便性は抜群です。東横線沿いのマンションは人気が高く、家賃を高めに設定できるので購入を決めました。

「2008年は1戸のみ

⑧中央区・月島のワンルーム

それまでの私の購入エリアは東京の城南・城西に偏っていて、月島はワンルーム投資の幅を広げるためにも必要なエリアでした。

「2009年には2戸を購入

⑨川崎市・小杉のワンルーム

武蔵小杉は渋谷にも横浜にも急行を使えば15分で行けるところが最大の魅力です。最近では成田空港まで乗り換えせずに行けるようになり、さらに利便性が向上しました。以前から、このエリアにマンションを購入したいと不動産会社の営業マンには伝えてあり、やっと購入できた物件です。

⑩渋谷区・桜丘のワンルーム

勤務中に不動産会社の営業マンから電話が入り、最小限の情報のみを伝えられて購入を決めた物件です。渋谷駅から徒歩4分の好条件で、築年数は古くても、安いことが何よりと判断し、購入しました。物件価格が安いわりには家賃が高く設定でき、所有物件のうち最高の利回りを稼いでくれています。

2010年は1戸のみを購入

⑪ 中央区・銀座のワンルーム

有楽町のすぐ南、銀座のど真ん中、銀座2丁目の物件です。じつは銀座と名前のついたマンションはたくさんありますが、銀座から少し離れた場所がほとんどで、それくらい銀座のブランドは絶大と感じ購入しました。

購入後、価格がもっとも上昇した物件です。

妻が社長の会社を設立
その私なりのロジック

２０１０年のワンルーム投資のあと、私は妻に相談し、２０１２年に妻が社長の会社を設立しました。

なぜ、そのような方法をとったのか。その基本的な考え方の筋道、ロジックからお伝えしましょう。

実際に会社を運営するのは妻であり、また夫である私の役割でもあります。

けっして夫である自分が「やっといて！」と頼めることではなく、また、頼むべきことでもありません。

夫である自分がワンルーム投資というものをどのようにとらえ、何が、どうして必要なのかを見つめ直し、もし妻が拒否反応を示せば、意を尽くして十分にそのメリットを説明しなければなりません。

ここで示す考え方の筋道は、私が妻に社長になってもらった経緯であり、妻への説明のためのロジックということもできます。

サラリーマンほどリスクの大きい職業はない

サラリーマンである以上、最低限の収入は保障されているといってよいでしょう。その収入で暮らせば、赤字に陥る危険性はありません。

これは本当のことでしょうか。失われた10年、20年の不景気、リーマンショックなどを経験したうえで、以前と同じことがいえるのでしょうか。

いまや自信をもってそうだといえる人はいないのではないでしょうか。

会社の業績が厳しくなれば、給与カットが始まります。それでも厳しい状況が続けばリストラが横行します。

私もエンジニアとして何割もの給与カットを受け、何人もの社員が職場を去った経験があります。私自身も3回、転職しました。

ほとんどの経営者は会社をとるか社員をとるかの二者択一になったとき、会社をとるものです。けっしてサラリーマンが安全な職業ではないことは、サラリーマン自身がよく理解しているはずです。

一方、サラリーマンは会社で素晴らしい成果を上げ、莫大な利益を会社にもたらしたとしても、その成果に比例した収入を獲得することはできません。

それは自分の給料分を稼ぐことのできない社員や経営陣によって搾取されることがサラリーマンの宿命だからです。

そのことを納得したうえで働いているのですから、それはしかたのないことでしょう。会社や社員を批判していても、意味があるとは思えません。

結局、はっきりといえることは、サラリーマンはふつうに働いているだけは決してお金持ちになることができず、そのうえリスクばかりが高い職業だということです。この前提となる認識はみなさんにも忘れていただきたくないと考えています。

辞めて会社を起こすのもリスクが大きい

リスクばかりのサラリーマン生活ならば、会社を辞めて自分で会社を起こすしかありません。ところが、とくに初期の段階で赤字や少ない収入が続くと、挫折せざるを得ない状況に追い込まれてしまう可能性が高くなります。

一方で、仕事で何が起きようと生活は日々続いていくもので、挫折していいものでも自分の都合でリセットできる類いのものでもありません。

そのため、たとえ独立開業できるようなすぐれたビジネスを思いついたとしても、独立にはなかなか踏み切ることができないのが現状です。

そこで、サラリーマンを一生懸命がんばりながらも、並行して個人事業や会社経営をしたくなるのですが、それを阻むのが就業規則、どの会社にも確実に存在する副業禁止規定です。

不動産投資であれば厳密にいうと副業規定に抵触することはまずありません。ところが、起業した会社から給与を受け取るとなると、それは確実に社内規定に抵触すると思って間違いありません。最悪の場合はクビです。

くわえて会社をつくらず個人事業としての規模が次第に大きくなるほど、家賃収入は現在のサラリーマンの所得と合算され、累進課税により税金が過大なものとなってしまいます。

副業禁止に抵触しないという例も

たとえば、次の例を見て、あなたは「不動産での副業はダメだ!」と思いますか。

・両親がアパート経営をしていて、何らかの理由でそれを相続することになった。アパートを売却しようと思ったが買い手がつかず、結局、不動産収入を得ることになっ

た

・地方から東京に出向になり、ワンルームマンションを購入して居住していたが、地方に戻されたのでしかたなく東京のワンルームマンションを賃貸に出して不動産収入が入るようになった

・長男が関東の大学に進学して家賃を4年間払うより価格が安いマンションが見つかったので購入したが、卒業後、地元の企業に就職したので、そのマンションを賃貸に出した

・転勤を命じられ、家族と引っ越すことになり、持ち家を賃貸に出して不動産収入を得ることになった

これらの例に見るように、「不動産収入を得る」ということはサラリーマンにとって意外に身近にあることなのです。

サラリーマンにとって、これらの例とワンルーム投資とは本質的に変わるものではありません。普通の会社では、まず副業には該当しないと考えてよいでしょう。

ただし、管理まで自分で行い、サラリーマンとしての仕事に支障が生じると事情が変わってきます。前述のように妻が経営する会社の社員となり、給与が支払われているようなケースも事情が変わります。

そこで、私がおすすめするのは、

「管理などを管理会社に委託する会社の社長に妻になってもらい、自分がその会社から給与を受け取るのは定年退職してからにする」

という方法です。退職するまで設立した会社に入ってくる利益は、次の投資に回すことで、将来受け取れるお金を大きくする原資とすればいいのです。

私の考え方・ロジックに〝虫のよさ〟を覚えるサラリーマンがいるかもしれません。

しかしいま、会社が安定している間は、サラリーマンとしてがんばれば、そこそこの生活ができる時代でもあります。そうした時代であることも考えると、自分の置かれた立場で、自分なりに賢い選択をしていくことが大事になっているのです。

会社をつくった
もう一つの直接的な理由

じつは会社を設立した直接的な理由がもう一つあります。
それは税金をできるだけ抑えたかったからです。
個人と法人で税率がどのように変わってくるか、一例を示しておきましょう。

法人と個人事業では税率が雲泥の差

たとえば、ある程度、立場のあるサラリーマンの給料を見ると、課税される所得金額の区分でいうと、695万円超900万円以下あたりになるはずです。その人の税率は、23%になります。実際には控除額が63万6000円ありますが、一方で23%に住民税が約10%加算されます。

また、もっとも税率の高いところで見ると、所得が4000万円超になると、税率は45%です。

もちろん、控除額が４７９万６０００円あるとしても、住民税が10％あります。単純計算すると、個人の場合、所得が４０００万円を超える部分については所得の最大55％が税金にもっていかれるケースがあるのです。

一方の法人です。控除できる額はありませんが、課税所得が８００万円超の最大の区分で見ると、実質的に36％です。

課税所得の区分と税率は国税庁のウェブページにありますが、課税所得が３３０万円以下など低い区分を除いては、個人の所得で課税されるより、法人で課税されるほうが税率は有利です。

法人は課税所得が最小の区分で４００万円以下だと21・４２１％。個人の場合は前述のとおり最大で55％の税率になります。その差は約35％。この節税効果を無視するわけにはいきません。

個人で何も節税策をとらず、課税所得が増えていき、所得４０００万円超になった部分は、55％の税金がかかり、設立した会社で節税を意識しながら取り組んでいくと、会社に移行した部分については、税率が21％強ですみます。それは明らかです。

一方、ワンルーム投資を続けていけば、ほぼ間違いなく毎年、毎年、収益は上がっていきます。

つまり、ワンルーム投資を続けていく人は、どんな人も、税金が負担に感じた段階で法人化したほうが節税面で得になるのです。

現在、サラリーマンとしての所得と不動産所得の額によって、節税できる金額は変わります。ところが、累進課税によって高い税率が適用される部分の所得を税率の低い法人税の側に移すことができるのは、会社設立の大きなメリットです。

前述の税区分、税率は今後、情勢に応じて変更されるかもしれません。ただし、日本の法人税は今後さらに下がる方向で動きつつあるので、なおさらメリットが大きくなるでしょう。

個人と法人では、税率以外も大違い

個人と法人では、所得税のほかにも不動産の譲渡にかかる課税が異なります。

個人では、所有期間が5年以内の短期譲渡で譲渡益の39%の税率がかかり、所有期間が5年超の長期譲渡になると、譲渡益の20%の税率で税金が発生します。

一方、法人の場合の譲渡益は、短期・長期にかかわらず譲渡益に対して法人税率で課税されます。あきらかに、法人のほうが節税を意識して譲渡することが可能になるのです。

サラリーマンが個人でワンルーム投資を始めた当初は、所得も少なく、個人でも法人でも費用の扱いによる節税の効果などは、じつはそれほど変わりません。ところが、一定以上になると個人と法人では節税効果が変わり、もっていかれる税金の額が変わるのです。

私は、その金額の損得ラインを課税所得1000万円程度と考えました。サラリーマンの所得と不動産の所得を合わせて1000万円を超えるようになると、税率の高い所得部分の不動産投資を個人から会社に移したほうがよいと考えたのです。

一方、サラリーマンであり続けるには、自分で設立した会社の社長になることはできません。それで、妻に社長になってもらうことにしたわけです。

工夫しだいで法人にしたほうが得に

では、個人と法人の違いに関して、とくに費用の扱いに関して違いを見ていきましょう。総じていうと、一定以上の所得になると、会社にしたほうが都合がよい（融通が利く、節税しやすい）ことがよくわかります。

(1) 経費の種類は？

個人では不動産に関連した所得に対する経費以外は対象になりませんが、法人は定款の事業目的に融通を利かせ、その事業内容の範囲の費用であれば、経費に算入できます。

(2) 自分への給与は？

個人では自分自身に給与を支払うという概念はありませんが、法人は自分を役員にすれば役員報酬、従業員であれば経費として給与を支払うことができます。

(3) 身内に対する給与は?

個人では青色申告し、届出のうえで生計が同じ配偶者や親族に給与を支払うことができますが、法人では実態を備えていれば特段の規制はありません。

(4) 減価償却は?

個人は強制償却になりますが、法人は任意償却できて利益(損失)を調整できます。

(5) 倒産防止共済・小規模企業共済は?

個人は原則的に加入できませんが、法人は加入できます。倒産防止共済は法人の損金に、小規模企業共済は個人の所得控除になります。

妻に対するワンルーム投資の説得

一定以上の個人事業の所得がある場合、税率の高い部分を会社に移したほうがよいのは明らかです。その概算額を私は1000万円くらいと考えました。

サラリーマンの場合は、その移し先の会社を自分が設立するわけにはいきません。それで、妻に会社をつくってもらうようにしました。

ですが、ワンルーム投資は「投資」である以上、冒険をしたくないタイプの女性にはさまざまな疑問や心配があるものです。とくに当初はワンルーム投資に消極的だった妻も、次のような疑問・心配点を持っていました。

消極的なパートナーを持つ人向けに、そうした疑問に対する私なりの答えをまとめておきます。

「ワンルーム投資への消極的な意見に答える

(1) 結局、20〜30戸も持たないと、大きな利益が得られないのでは? そうなると、管理も大変だ

たしかにそのとおりかもしれません。

手持ち現金やローンなどの資金計画、管理諸費などの状況によって変わりますが、ワンルーム投資1戸で得られる利益は月額にすると、ローンがある場合は1万円から2万円、ローンがない場合は6万円から7万円ほどです。

仮に「大きな利益」を月額で50万円とか100万円とすると、割り算で単純計算してもローンのない状態でも10戸ほどになります。ローンがある場合には数十戸という計算になります。

そうなると、管理も大変そうです。

ところが、たとえば20戸あるマンションを1棟買いしても、結局、入居者の管理は入居者に応じて個別に行うことになるので、管理の煩雑さは同じことです。

管理が大変そうだと思うことの多くは、しっかりとした管理会社に委託することで解決できます。それでも、「持っているだけで大変そう」と思うのは、「いま持ってないから」ではないでしょうか。

街を歩いたとき、

「ここにも、あそこにも自分が物件を持っている」

というマンションを保有した安心感や優越感は、持った人にしかわからないものです。それは、趣味でコレクターが持っている物を管理するのが大変とは思わないこととよく似ています。

「持てば持つほど管理するのが楽しい」

という心境になるはずです。

「数十戸も持たないと、大きな利益が得られない」

こう考えるのは一面の事実ですが、そうならない購入のしかた、管理のしかたを工夫する方法があります。

ちなみに、私の場合は私がワンルーム投資を始めて、妻が社長の会社をつくって継続的にワンルームの運営を進め、合計15戸で4～5年先には毎月100万円の家賃収入が入るところまできています。

(2) 不動産の家賃収入は、いわば不労所得。多額の不労所得を得ようという考えは、虫がよすぎるのでは?

たしかにそうかもしれません。しかし、私はその気持ちが必要であり、大事だと思っています。

私が不動産投資を始めたころは、

「できれば月に15万~20万円の不労所得を得て、家計の足しになれば……」

くらいに考えていました。

ところが、私たち夫婦には２人の息子がいますが、彼らの進学が現実味をおびてくると、

「30万円くらいは得られるようにしておきたい」

と気持ちが変わり、リーマンショックの影響によって給料が大幅に減らされると、

「40万円くらいないと困る」

となり、50代半ばに差しかかるころは、リストラを恐れ、

「50万円は必要かも?」

と考えるようになりました。

そして、いまでは不労所得で老後も楽に暮らすには、

「月に100万円くらいはほしい」

といったようなことを考えるようになってきました。

どこまでいっても、人間の欲望は尽きないものだと感じます。最初に考えた到達点は、じつは〝仮の姿〟でしかなかったのです。

ワンルーム投資の到達点はどんどん上がっていくもので、それは、前述した不動産投資の資産化の加速度がなせる業だと考えています。

ぜひ、最初は小さな目標を設定し、それが実現できたら、徐々に目標そのものを高めていってください。

自分が死んだときに、子ども世代に複数のワンルームを相続もできます。それを労せず堅実に実現できるのが、ワンルーム投資のよさでもあります。

(3) ワンルーム投資を「やめたい」と思ったことはないのですか?

もちろん、引き際を考えたことはあります。しかし、現実にワンルーム投資で生活が楽になっているのですから、やめたいとは思ったことはありません。

購入して、しっかりとした管理会社に依頼すれば、あとは放っておいても家賃収入が生まれるのですから、やめる必要もありません。

一般論として述べると、ワンルーム投資を「やめたい」と思う理由は、主に2点に大別できます。

一つは、投下資金のうちローンの割合が拡大することによって、返済に苦慮し、破産の心配があることです。そしてもう一つが、現在、本当に儲かっているけれど、それが拡大しているのか見極めがつかないときでしょう。

前者のローンについては、今日のように金利が低い状況が続けば、変動金利より固定金利で、金利も低ければ低いほど安心なのはあたり前です。

さらに、団体信用生命保険があれば、不安要素はますます低くなっていきます。

つまり、順調に返済し、純資産が拡大すればするほどローン負担の割合は低下し、リスクが減り、ローンの返済で苦慮しない安全圏に誘導することが可能になります。

そして、中古ワンルーム投資は新築物件への投資と比べて初期投資が安価なこともあり、ローン負担を気にせず戸数が多いほど収入は拡大していきます。

中古ワンルーム投資は、そういった事実を積み上げていくことのできる投資方法なので、やめたいとは思うはずがないのです。

もし、新築物件を頭金なしに何戸もローンで買った場合は、収入より支出が増えることになり、赤字に転落してしまいます。インフレで大きく家賃が上がらない限り、それは明らかです。

安全な投資方法を地道に行えば、やめたいと思うことになるはずがありません。

私は不動産投資全般のことを述べているのではなく、ワンルーム投資、しかも中古、さらに細かく述べると東京近郊の物件に限った考え方を述べています。

なお、後者の理由については、コツコツと1戸1戸、自分の資産となったときの充実感を考えていただきたいと思います。

世間では資産を売却したときの売却益に目を向けがちな人もいますが、売却益よりも資産を持ち続けて得られる家賃収入のほうがよほど大事です。

やめたいと思うかどうか、そういう状況に陥るかどうかは、「すべて投資対象と方法で決まる」のではないでしょうか。

実際はどんな事業を行うか

会社として実際にどのような事業を行っているのか。基本はこれまでのワンルーム投資と同じで、それを、設立した会社を経由して行っていることになります。概略は127ページの図のようになります。

ワンルームを買い増す際には、妻の会社で、根保証で借り入れた資金を活用するケースが多いのですが、担保が必要な場合は、私がこれまで投資してきたワンルームを会社の担保に回すケースもあります（私と設立した会社の間には担保を貸借するという関係になります）。

これらの資金でワンルーム投資を行い、管理業務は従来、私と取引のある管理会社に委託するという方法をとります。

管理業務は私も妻の会社も独自で行うことには大きな手間がともなうので、管理会社を1本にまとめて、効率よく対応してもらうようにしています。

ちなみに、このような会社で現在の利益（家賃からの実収入）は毎月10万円ほど。別に私の個人事業で毎月45万円ほどになっています。

経費については、会社と私のどちらか明確な部分は会社で処理し、明確に区分できない部分は折半で負担している状態です。

このような会社設立の準備もあり、２０１１年は結局、１戸も購入しませんでした。前年に価格の高い物件を購入したため、新規に購入はせず、繰上げ返済を進めました。

では、会社設立以降、どのような投資を行ってきたかを紹介しましょう。

2012~2013年は1戸ずつ

⑫ 新宿区・西新宿のワンルーム

２０１２年、西新宿駅のすぐ北側で、再開発エリアに近いこともあって購入を決めました。妻に社長になってもらった会社で初めて購入した物件です。

⑬ 新宿区・西新宿のワンルーム

翌２０１３年に購入した物件です。西新宿のように入居者探しに困らず安定的に家賃収入の得られる場所は、物件をいくつ保有してもいいという考えから購入しました。

私の個人事業と妻の会社のビジネス

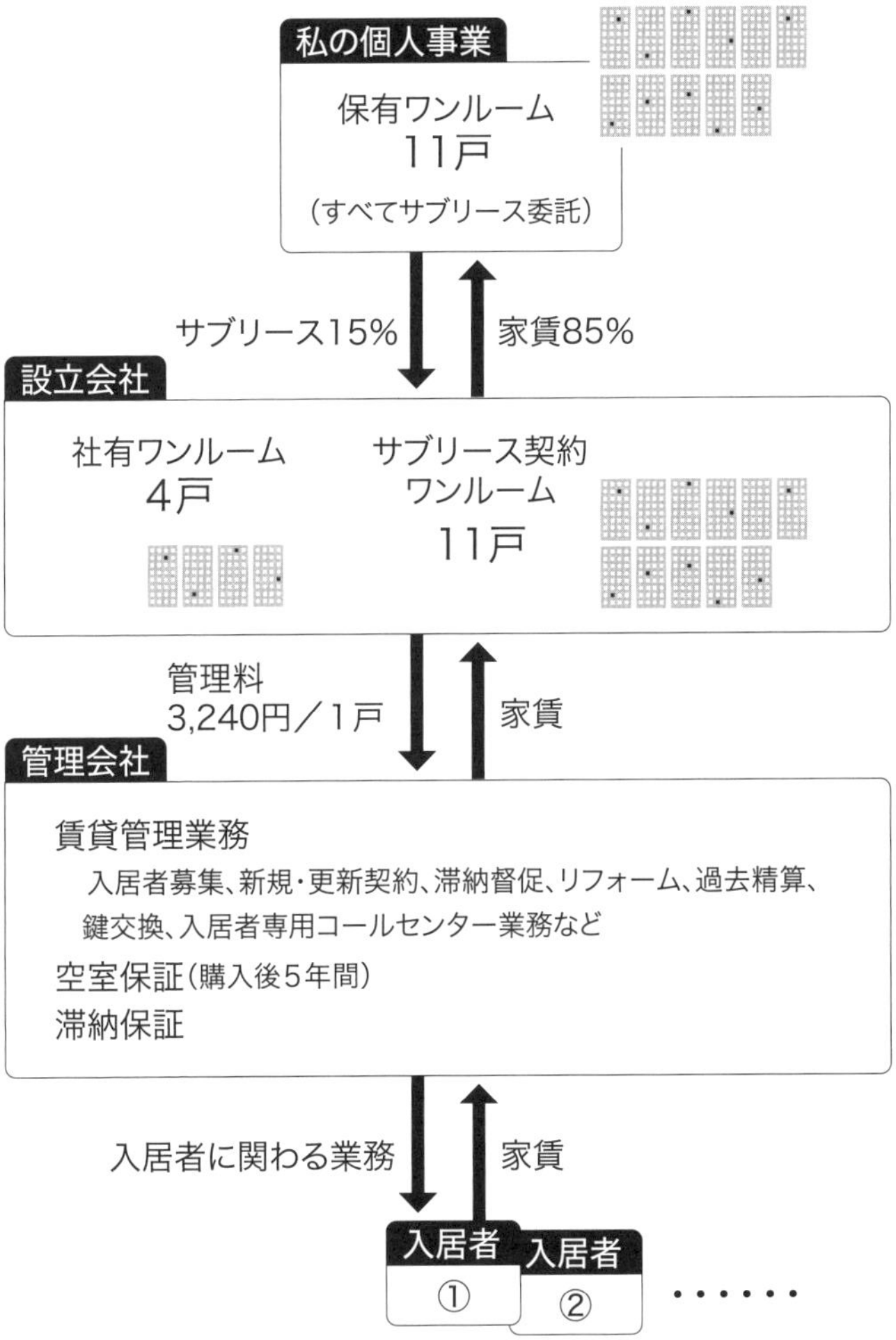

駐車場も数台分をマンション全体で保有しています。この駐車場の収入があるため、管理費用が低く抑えられています。

2014年は2戸を購入

⑭港区・麻布のワンルーム

現在、もっとも将来性があるとされる港区に、かねてから購入希望を出していて、得た物件です。麻布十番から恵比寿にかけては、ぜひ押さえておきたいエリアでした。

⑮港区・六本木のワンルーム

立地としては、六本木ヒルズと虎ノ門ヒルズの中間に位置する物件です。

東京オリンピックの開催が決定して以降、このエリアの中古マンションの価格上昇も顕著になり、「翌年には買えなくなるかもしれない」と思い、借入金が増えても購入すべきと判断しました。

会社としてお金を借りるということ

妻が社長の会社での現在の借入れは、私はこれまで投資したワンルームを担保にして、日本政策金融公庫からの借入れ分があります。額にしておよそ６０００万円で、毎月の返済額は25万円、繰上げ返済分も含めて順調に返済を進めています。

では、一般的に、会社組織としてワンルーム投資でお金を借りる場合、どのような点に留意すべきでしょう。言い方はよくないかもしれませんが、金利を気にしなければ、どんなサラリーマンでも、その年齢相応の年収があれば、年収の20倍くらいのお金を借りることは不可能ではありません。

しかし、この本でお話ししている借り方は、資産全体に占める借入金の総額の大きさ、つまり借入金の割合が40～50％くらいに収まり、かつ金利が低く長期で借りられることを重視しています。

その前提で考えると、１億円程度の範囲の借入金であれば、個人でも会社でも「借りやすさ」という面で大差はありません。個人で借りられなければ、会社で借りられるというものではなく、また、その逆も真なりなのです。

「会社組織にしたらお金を借りやすいだろう」

と思っている人がいますが、そういう借入れはワンルーム投資にはあてはまりません。数億円になるような大きな額は借り入れるべきではなく、借りなくてもワンルーム投資は実現できる性質の事業です。

会社も個人も同じような審査になる

では、金融機関がよりよい条件の金額・期間・金利を提示する場合は、どういった観点を重視しているのでしょうか。

私は小さな合同会社という組織でスタートしましたが、そのような会社の場合は、個人の借入れと際立って異なる審査はないでしょう。逆にいうと、次のような条件を高めていけば、よりよい条件での借入れが実現できることになります。

①担保物件の価値

価値が高い物件のほうがよい

②サラリーマンの夫の勤務先（勤続年数、役職、年収、会社全体の評価）

主婦が社長になる場合、保証として確認される可能性があり、何より勤続年数が長いなど、安定性を重視する

③設立した会社の収支

堅実に経営していることが大事（赤字になっていないほうが望ましい）

④他の借金、現在の手持ち資金

他の借入金を含めたトータルの額が審査され、現在所有している現金額を調査される

⑤年齢、健康状態、家族構成

返済余力のある年齢と、負担のない健康状態と家族構成が望ましい

⑥持ち家かどうか

ローン返済のない持ち家がベスト

これらを総合的に判断して、借入れの金額や金利が決まります。一般に審査が厳しい金融機関は金利が低く、審査が緩い金融機関は金利が高くなっています。

なお、不動産会社の提携ローンは、不動産会社が一部の保証をすることで、金利を低く設定してもらえるケースもあります。

妻への報酬・賞与の支払いは?

妻が社長の会社からは、現在、妻も私も給与を受け取っていません。それは定年退職後のお楽しみです。

設立した会社から妻が報酬を受け取ると、サラリーマンの妻の場合に私の収入から控除されていた健康保険と国民年金保険が控除されず、新たに社会保険の加入が義務づけられるのです。その支払いもあり、会社の支出も増えます。トータルで考えると、節税の観点からはあまり効果が生まれません。

私がサラリーマンを続けている間は、設立した会社からの給与や賞与は受け取らないのがベストだと考えています。

小規模共済などを積極的に活用

妻も私も給与を受けとらない一方で、小規模企業共済の加入を検討しています。もちろ

小規模企業共済の概略

① **制度の概況**

2015年3月末で約157.6万件が利用

② **制度の概況**

従業員が20人(商業・サービス業では5人)以下の個人事業主やその経営に携わる共同経営者、また会社等の役員など

③ **掛金**

月額は、1,000円から7万円までの範囲(500円刻み)で自由。掛金は税法上、全額が「小規模企業共済等掛金控除」として課税対象となる所得から控除

④ **共済金(解約手当金)**

個人事業を廃業したり、会社等の役員を退任した場合などに、事由に応じて支払われる

⑤ 契約者は、払い込んだ掛金合計額の範囲内で、事業資金などの貸付け(担保・保証人不要)が受けられる

ん、小規模企業共済に加入することは節税効果があります。毎月1000円〜7万円の任意の掛金を納めることで、個人所得の所得控除が受けられます。

給与の額にもよりますが、税金の減少分を加味すると、年利20％以上の利回りを貯金しているようなことにもなります。

有利な金融商品に置き換えるつもりで、加入すべき制度の一つでしょう。妻が設立した会社の役員を退職する時点で解約すれば、掛金は退職所得になり、税金はほとんどかかりません。サラリーマンでは加入できないので、私は自分が勤務先を退職したときに、真っ先に加入したいと考えている制度の一つです。

なお、倒産防止共済（経営セーフティ共済）は法人税の節税にもなります。

会社の利益を先送りして運用する方法として、保険の活用もあります。たとえば、収益の大きく変化する業界の企業と役員が、儲かっているときに保険に加入し、厳しい時期に解約すれば、収益の平準化をはかることができるといった性質の保険商品があります。

ただし、収益が比較的安定している不動産投資業では、あまりおすすめできません。保険とセットになった対応なので、受取金が掛金の100％以上にならないことも多いからです。

会社をつくるデメリットとメリット

会社を設立することには、デメリットもあります。

まず、会社に入った家賃収入を、個人事業のように自分で簡単に引き出せないことです。飲み代やゴルフのお金など、自分の遊興費の不足を、ちょっと補填するといったことは簡単にはできません。

デメリットと思えるようなことはそれくらいです。


一方のメリットはたくさんあります。

まず、自宅の一部を会社の事務所にすることで、個人と会社で案分して固定資産税や電気代などの一部を経費にできます。会社として使ったケータイ代金、新聞代、社有車とそのガソリン代などを経費にすることも可能です。

もちろん交際費も経費として計上できます。とくにサラリーマンが行う不動産投資に関しては、個人事業として経費を確定申告時に計上するのは気が引ける面があるものですが、妻を社長にした会社では、いわば〝正々堂々〟とできます。実際の所得計算でも経費が認められやすいので、先に示したデメリットは解消されます。

多くのサラリーマン投資家にとって、家計のやりくりはサラリーマンとしての収入で可能なはず。そのため、会社に入った収入は会社での次の投資に活用し、収益の安定と拡大に努めていけばよいのです。

そして、いざ自分がサラリーマンを定年退職するときがくれば、それまでに拡大してきた会社の資産から生まれる収入を自分も給与として受け取ることになります。

そうなってしまえば、収入面での将来の不安はほとんど解消されたと同然です。退職金や受給する年金は、もはやボーナスくらいに考えておいてよいでしょう。

私はこれまで、このような考えで投資を行ってきました。定年退職したら、しっかり妻が社長である会社から給与をもらおうと、いまから楽しみにしています。

不動産売買の電話勧誘に注意

以上のように購入を重ねてきましたが、購入の過程で困ったことの一つに、「不動産を購入しませんか？　不動産を売ってもらえませんか？」といった内容の電話が自宅（自宅事務所）にかかってくることです。それは、会社を設立する前も後も同様です。

まったく興味がないのであれば、「海外出張でしばらく帰ってこない」などの理由で家族に断ってもらうことでだんだん勧誘は減っていくのですが、多少なりとも興味がある場合は、相手がまともな業者かどうか確認する必要もあります。

十分に確認する時間がない場合は、次のような簡単な方法があるので紹介しておきましょう。

①宅建業の登録番号を聞いて過去にトラブルがないかチェックする。登録番号がない場合は問題外

②住所を聞いて実際あるかどうか確認する。会社自体の実態がなく住所を聞くと「西新宿のほう」などとしっかりとした住所を答えない場合は危険

③あとから「社名」と「悪徳業者」でインターネット検索すると、その会社の評判が出てくる場合がある

④会社設立年数が浅かったり、従業員が20人以下だったりする小さな業者は、経営はまともであっても、最初のうちは避けたほうがよい

サラリーマンとワンルーム投資を両立させるポイント

夫にサラリーマンとしての収入と生活があり、妻には不動産会社の経営と生活がある以上、それを両立させるには、やはり自分一人がワンルーム投資をしているときと同様に管理業者に任せるところは任せるのがいちばん。専門外で、煩わしいと思えることは、専門の業者に任せてしまうのです。

私と、妻の会社は、投資した物件で1戸あたり3240円の管理費を支払っています。合計15戸の管理で、月額4万8600円となります（もちろん、その経費計上は私自身と妻の会社それぞれで行っています）。

その管理業務の対価として得られるサービスは、140ページ「管理業務の委託内容」のとおりです。

業者が発行する送金明細書がすべての事務の手助けに

もっとも大きなメリットは、委託している管理物件の家賃はもちろん、修繕費、保険料といったお金の出入りに関する部分のほとんどを、140〜141ページのような月次送金明細書という一覧表にして送付してもらえることです。

ワンルーム投資に関して個人的に行うお金の出入りに関しては、自分で確認・計上する必要がありますが、その内容は固定資産税等の税金の支払いをたまたま私や妻のポケットマネーで行ったときくらいです。私も妻の会社も、資金管理は通帳の内容と一覧表の内容が合っているかどうかを確認することですみます。

この一覧表があれば、月次の決算ができ上がり、返済計画や投資の目標額の設定もしやすくなります。月次の決算を積み上げていけば、妻の経営する会社の年度の決算書ができ上がります。私自身の確定申告書もでき上がることになります。

なお、この送金明細書には、投資用マンションを購入するときの目安となる投資利回りは含まれていません。しかし、実際の将来計画に関しては、この一覧表をもとにした自分たちの資金計画・損益計画に沿って行えば、間違いありません。

（円）

収入金額	支出金額	振込金額
1,462,640	275,028	1187612

	支出						
小計	業務委託費 集金代行	業務委託費 新規・更新	前入居者 敷金返金分	修繕費	その他	小計	差引き 金額
74,000	3,240		3,240			3,240	70,740
66,000	3,240		3,240			3,240	62,760
156,000	3,240	37,500	3,240			37,500	115,260
79,000							
74,000							
68,000							

管理業務の委託内容

①家賃集金、滞納がある場合の督促業務、滞納保障
②入居者からの苦情対応、入居者ごとの契約書の取り交わし
③退去者が出たときの入居者付
④内装工事の見積り、工事手配
⑤マンション管理組合との交渉、近隣トラブル対応
⑥保険（火災保険、地震保険など）の窓口
など

管理会社からの月次送金明細書の例と管理業務内容

		収入					
購入日	住所	家賃 共益費	駐車場	礼金	敷金	更新料	その他
2004/07	大田区南久が原	74,000					
2005/03	大田区南雪谷	66,000					
2005/05	杉並区方南	81,000				75,000	
2006/06	目黒区大橋	79,000					
2006/09	新宿区西新宿	74,000					
2007/01	杉並区永福	67,000					
2007/10	目黒区南	68,000					
2008/10	中央区月島	75,000					
2009/09	川崎市中原区	73,000		68,000			68,000
2009/12	渋谷区桜丘町	83,000					
2010/04	中央区銀座	115,000					
2012/10	新宿区西新宿	88,500					
2013/06	新宿区西新宿	89,000					
2014/06	港区麻布	92,000					
2014/08	港区六本木	94,000					

収入金額ー支出金額＝振込金額
振込金額ーローン返済金＝実質家賃収入

投資家のなかには、節約のため、これらに関する管理業務のすべてを自分で行う人もいます。

しかし、その内容すべてを自分で行うには、専従者がいなければ無理でしょう。とくに、地方に住んで東京のワンルームに投資しているような場合、確認のための交通費だけで大きな負担になります。サラリーマンの私にはその時間がありませんし、妻にできることでもありません。

結局、ここでも重要なのは、「よい管理会社を選ぶこと」、それがすべてです。

自分たちの要望に合う会社を選べば、結局、管理費用の節約にもつながり、それが収益の拡大につながり、妻の会社も私も楽に儲けられることにつながるのです。

第4章

主婦がいちばん
ワンルーム経営に向いている！

妻が社長の会社をいつ設立するのがベストか

将来の保有戸数が見えていない段階で、最初から妻に社長になってもらって会社を設立し、ワンルーム投資を始める人は少ないのではないでしょうか。

最初は夫が始め、数戸を保有するようになってから会社として運営していったほうがメリットは大きいと判断し、その際に妻に社長になってもらう。これが実態としては一般的で現実的な会社設立だと思います。

私が妻に社長になってもらったのも、私がワンルームを11戸保有したあとで、ワンルーム投資を始めてから5年以上経ってからでした。

ワンルーム投資が順調に進み、それに伴って収益も拡大を始めると、税金も無視できない金額になってきます。

当然ながら減価償却費や経費も計上するのですが、ワンルーム投資での利益は加速度的に伸びていきます。

いつか、どの段階かで、課税所得を分散させるために会社を設立したほうが、結局、税金の支払いが少なくてすむ時期がくるのです。

収益が高ければ、1戸目から会社をつくる

いつ会社を設立するにしても、注意点があります。

収益があまりにも少ない段階だと、資本金（出資金）の額を除いても10万円から20万円くらいはかかる会社の設立費用のほか、毎月1万円から2万円する税理士の顧問料などの負担が大きく感じ、会社を維持するのが大変になることです。

簿記事務や税務・決算に関する対応の煩雑さもあるので、税理士なしで経営を維持するのはなかなか困難です。そのため、収益が少ないと、出ていくお金の負担が大きく、メリットはあまりないとさえいえるでしょう。

ですから、ワンルーム投資の場合は、保有戸数が10戸を超え、安定した収益が得られるようになったあたりから会社設立を夫婦で話し合って決めたほうが現実的です。

ただし、短期間で収益を増やせる可能性が高いのであれば、1戸目から妻を社長にして会社を設立し、その会社でワンルーム投資を進める方法もあります。とくにアベノミクス

の一つに法人税減税がいわれているので、今後、この投資法も増えてくるでしょう。

サラリーマンである自分にとっては、妻に社長になってもらうと、定年後の自分の収まり先が確保できるメリットもあります。

その会社で給料や退職金の計上をできるようになれば、さらにメリットが生まれます。もちろん、妻の側にも、不労所得が生まれます。

副業禁止規定の心配があるなら、経費だけは設立した会社で落とし、給与をもらわなければよいのです。先ほども述べましたが、給与をもらっていないのに「副業」だとは誰もいえません。

「妻が社長」の会社設立の留意点

妻に社長になってもらって会社を設立したのは２０１２年、12戸目のワンルーム投資をする前でした。

最初は、多くの主婦と同様に、妻も「なんで、私が社長に?」という気持ちだったと思います。その妻に対して、家族、自分たち夫婦の老後の資産形成のこと、税金面のことなどについてあらためて話をもちかけました。一定の理解が得られたので、妻に会社設立をしてもらったということになります。

実際の設立手続きに関しては、私たち夫婦も勉強しましたし、知人の税理士や不動産会社の担当者に相談したり協力を仰いだりしつつ進めました。

手順を踏んで設立していけば、何の問題もありません。

お金が自分の自由にならないことを自覚すべき

政策金融公庫から融資を受ける際は、夫婦で支店に赴いたりする必要もあります。ただし、そのことが大きな負担になるというわけではありません。

留意したのは、前述のとおり、法人の設立以降は会社分のお金の出し入れについて自分の自由にならない面があることです。

会社が受け取る家賃収入は私の口座に直接入るわけではありませんし、会社から私に給料が入るわけでもありません。経費はまだ融通が利きますが、私の勝手で妻の会社の経費として落とせるわけではありません。

個人より会社のほうが経費の算入や節税の面で融通が利きやすいのは事実です。いろいろな費用を経費で落としやすく、その結果、税金は個人で収める税額より低くなります。ただ、融通が利くといっても、私が自分の勝手になんでもできるというわけではありません。お金の出し入れには一定の節度が必要です。

このような経緯もあり、これまで購入した15戸のワンルームのうち私が運営した状態になっている物件もあります。その部分については従来どおり、私が自分の所得税の確定申告を行っています。

組織形態は合同会社がおすすめ

妻が社長になって設立した会社は合同会社です。

株式会社より設立費用が安く、決算を公表する必要もありません。定款の認証が必要ないなど、株式会社より手軽に設立できる点がメリットです。

ただし、認知度が低いことは迷うところでしょう。事業を拡大して人を雇うことも想定しているなら、株式会社のほうが有利でしょうし、事業内容のなかに一般に広く知られたほうがよい活動が含まれているのであれば、株式会社を選択しておくことが必要かもしれません。

私の場合は、株式会社の資本金にあたる出資金は20万円、社員は代表社員である妻と私の2名で、2人とも、会社から給料は受け取っていません。以前は代表である妻への報酬の支払いについてはできたようですが、現在は報酬の支払いがあると社会保険への加入を強制されるため、実質的にできなくなりました。妻はサラリーマンの扶養対象となっていたほうが有利なのです。

合同会社の設立のしかたはいたって簡単で、誰にでもすぐ設立できます。

インターネットでは数万円で設立を請け負う業者もいるようですが、私は妻と一緒に設立手続きをとりました。

あらためて説明するほどのこともない設立の手続きですが、ここで簡単に触れておきましょう。

(1) 事業の内容を決める

どんな事業を行うのかを決めます。当社の場合は「不動産の売買・賃貸業」ということでカバーできます。

ただし、その事業が許認可業種に関わるかどうかだけは明確にしておきます。

(2) 出資者を決める

当社の場合、出資者は私と妻の２名です。

(3) 出資金を決める

株式会社と同様に１円以上で自由ですが、当社の場合は20万円にしました。

(4) 商号を決める

当社の商号は伏せますが、英語名をカタカナで表現しています。

(5) 定款を作成する

定款には、事業目的、商号、本店の所在地、社員の氏名と住所のほか、合同会社では社員の全員が有限責任社員である旨、社員の出資の目的と出資額など絶対に記載しなければいけない事項があります。

また、公告の方法や事業年度、社員総会の開催に関する事項といったことも形式的ですが記載します。

事業目的は、本来の不動産に関する事業ということに加え、

「上記事業に関わるいっさいの事業」

といった文言で、少し広めに記載しておいたほうがよいでしょう。なお、妻の趣味など、将来、事業として行うかもしれないようなことも記載しておくことをおすすめします。当社では、不動産事業のほか、企業コンサルティング、各種セミナー、教室運営、物品の販売なども加えました。

株式会社のように定款の認証の必要はないので、定款に関する手続き的には楽です。

なお、本店所在地はオフィスをもたず、自宅内に置きました。

⑹ 出資金を払い込む

妻と私が出資金を法人の口座に払い込み、そのお金があることを払込証明書で証明します。

なお、不動産投資の場合、出資者がそれまでに所有した不動産を現物出資するようなケースもあります。

⑺ 設立登記の申請

定款や出資金の払込証明書を添付して、合同会社設立登記申請書を作成します。法務局に申請書を提出した日が「会社設立日」です。

⑻ 登記後の各種届出

法務局での登記のあと、税務署や各種の役場に法人の設立に関する届出を行います。

女性のほうがワンルーム投資に有利かもしれない

妻に社長になってもらって、私は「女性のほうがワンルーム投資に有利だ」と思うことがよくあります。まず、そのワケを挙げてみましょう。

アクセルとブレーキの両方が重要

不動産、ワンルーム投資の分野では、不動産会社をはじめいろいろな業者が首都圏を中心に投資セミナーを実施しています。それらのセミナーには、夫婦で参加される人をけっこう見かけます。私もそうした夫婦の相談を受けることがあります。

その相談される様子を見ていると、夫が投資に積極的で、妻が消極的であったり、じつは妻は内心、反対していたりという場合がほとんどです。私たち夫婦も最初はそうでした。いまも、ひょっとするとそうかもしれません。

しかし、私はこの組み合わせが最良だと考えています。

投資に積極的な男性は、どうしても抑えが効かない面があり、物件を紹介されるとその物件欲しさのあまり、すぐ購入に走ってしまいがちです。そこで「ちょっと待って」と、冷静に考えてみる場面が必要なのです。

少し時間の余裕を持って考える時間を持つだけで、物件や購入契約に関して見逃していた部分もはっきりします。別の物件のほうがいいのではないかと思い直すこともあるでしょう。

1000万円以上もお金がかかる場合が多いワンルーム投資では、気持ちが急く夫を冷静に判断できる妻の力も必要というわけです。

男が見るのは「未来と夢」、女が望むのは「現在のお金と将来の安定」

反発されることを覚悟で述べましょう。

不動産投資の話で妻を説得する場合、「将来の利益はこれくらいになっていく」といったぼんやりとした説明はほとんど効果がありません。

「購入した直後から毎月これだけの利益が出て、将来、自分にもしものことがあっても、ローンの団体信用生命保険で補填され、毎月これくらいのお金を受け取ることができる」という月次や将来のリスク対策を踏まえた話でしか、妻は納得しないのです。

言い換えると、「いまも毎月、利益が出ていて、将来に対するバックアップも完璧」という確認ができれば理解が得られるということです。

ところが、「毎月利益が出て、将来に対するバックアップも完璧」ということを可能にするのは、「ローンを一定の割合に抑えた東京での中古ワンルーム投資しかない」とさえいえます。

つまり、投資のなかで、妻が消極的であっても納得してもらえるものはワンルーム投資だけということになるのです。

ワンルーム投資は主婦には絶好のビジネスだ！

「私に社長なんて、できっこない」

と思っている女性は多いはずです。ところが、「意外にそうでもない」というのが私の実感です。

私の場合は15戸の投資用マンションうち12戸目からの4戸は妻を社長にした会社でワンルーム投資を行っています。

その妻を見ると、社長と肩書が入った会社の名刺をつくり、年に2回、数万円の小遣い程度のご褒美を出しているというのが実態です。しかし社長となると、意外に社長業がそれなりに身についてくるものなのです。

実際、ワンルーム投資を会社として行う場合、社長としてやること、やらなければならないことはほとんどありません。いわば名前だけの社長ですが、それでも社長業が身につくところがワンルーム投資のよさなのかもしれません。

実際問題として、子育てをしながらパートで外で働くなど、主婦が働くにはなかなかむずかしい現実もあります。

ところが、ほとんど自分自身で動く必要のない、とくに外に出て活動しなくてもいいワンルーム投資会社の経営ならば、主婦にとって格好の仕事なのです。

女性は借り手と共感できる

ワンルーム投資の会社の社長が女性に向いている理由について、賃貸に出すオーナーの立場で考えていきましょう。

賃貸では、入居者は一般に女性のほうが喜ばれます。何よりきれいに使ってもらえることが多く、入居者本人からも、次の入居者からもクレームが少ないからです。その点、賃貸するオーナー側が女性であれば、お互いに眼がいき届き、配慮すべき部分なども共通の理解ができます。

とくにキッチン周りや水周り、日当りなどは女性目線で購入を検討して賃貸に出すことで貸し手と借り手、双方にとって安心感が得られるのです。

また、女性に選ばれる部屋は男性にも好まれます。

たとえば、物件の近くに風俗街、パチンコ店などがある場合、男性はあまり気にしない人もいますが、女性は投資家も借り手もそうした物件は却下します。夜に街灯の少ない道を通勤することになるような場合も同様です。

このような男性目線ではあまり気にならないことも、女性のほうが物件の購入段階から気づき、対応できます。

男性は「コンビニが近くにあったほうがいいな」くらいには思いますが、普段買いの安いスーパーとかクリーニング店などについては、あまり気づかず、気づいても対応しないものです。

さらに、男性目線では、つい「古い＝汚い」と考えがちなものです。ところが、賢命な女性は、古いということを「家賃が安く、広い」と考えます。きれいに住める環境かどうかが大事なのです。

室内で経年劣化する部分、たとえば収納なども、広くて、入居者の工夫で対応できる収納は女性の入居者のほうが工夫して解決します。つまり、入居者が女性の場合、家賃が安く広さがある程度あれば、古さはさほど問題になりません。

ただし、玄関のドアがガタついていたり、オートロックがなかったりするのは大きな問題で、そういった借り手の目線の安全面に、女性はぴんとくるものです。

女性こそ不動産投資を!

マンション投資のセミナーに参加すると実感としてわかるのですが、女性の参加者がどんどん増えています。参加者だけでなく、購入する人も増えているようです。

その理由の一つは、最近は結婚する年齢も上昇し、なかには結婚しない選択をする女性の割合が増えてきているからではないでしょうか。

結婚して男性に守られた家庭を築く……といった発想から、男性をあてにせず、自分の将来は自分で守るといった考え方をする女性が多くなってきているのは間違いのないことでしょう。

そうした女性にとって不動産投資は、給与所得以外の、購入後に手間のかからない不動産所得という不労所得を得られるので、将来の経済基盤をつくるのに〝もってこい〟の投資先です。さらに、不動産投資をしている女性が結婚し、夫婦として二つの収入源を持つようになれば安心感は倍増します。

ただし困ったこともあります。

女性の不動産投資家が大きな不労所得を獲得して自立してしまうと、結婚の意識がより薄れてしまうかもしれないということ。もはや、そんな時代になってさえいます。

手間のかかる男性よりも、毎月確実に稼いでくれるマンションのほうが魅力的に感じる部分があるのかもしれません。

第5章

会社に頼らない生活を実現する！

サラリーマン夫婦が抱えるリスクをどう乗り越えるか

ワンルーム投資には、リスクがまったくないわけではありません。そのリスクを心配することは、1000万円程度はする高い買い物だけに間違ってはいません。

会社の平均存続年数は30年といわれています。すなわち、統計的に見れば、誰もが学校を出て定年まで勤め上げる間に、かなりの人は倒産の憂き目に遭うということです。

運よく会社が倒産しない場合でも、リストラがあります。工場の閉鎖や人員の整理があるのです。

それなのに、自分だけはリストラに遭わないと思ってはいませんか。もちろん、業績が厳しくなれば賃金カットもあるでしょうし、遠方への出向や転籍命令もあるでしょう。

退職金がまともに支払われる保障はどこにもありません。会社が倒産すれば退職金がなくなる可能性も高いのです。

こうして考えると、サラリーマンはもっともリスクの高い職業なのです。そのために、サラリーマンこそ早期にリスクを分散して対処していくことが重要です。その重要な手法が不動産投資、なかでもサラリーマンにも手が届く中古ワンルーム投資なのです。

私のサラリーマン経験からとらえてみても……

私がサラリーマンという職業に危機感を抱いているのは、私自身が順風満帆ではなかったからです。

学校を出て最初に勤めた外資系の会社は、入社10年ほどで業績が悪化。希望退職を募集して、1000人いた社員が半数になりました。メーカーのエンジニアとなってからは2008年にリーマンショック。直後から週休3日、4日になり、給与は25%カットです。さらに東日本大震災後も半年ほどは給与の10%カットが続きました。

しかし、一方で進めていたワンルーム投資では、リーマンショックや大震災の影響を受けていません。この10年ほど、順調そのものです。むしろ、リーマンショック後は不動産価格が低迷し、追加で安くワンルームを保有でき、資産拡大となったのです。

ワンルーム投資を始めて10年ほどが経ちます。サラリーマンとワンルーム投資の双方にリスクがあることは理解していますが、リスクの大きさを比較するとサラリーマンのほうが圧倒的に高いといわざるを得ません。

私は、このリスクの大きさのなかにいて、1本の収入の柱だけで、妻と暮らし、家族を養っていく自信がありません。なんとしてもリスクを減らす必要を考えたのです。

では、サラリーマンを辞めてワンルーム投資1本に絞ればよいのでは？　と感じる人もいるでしょうが、それではリスクを減らすことはできません。

複数の収入の柱を持つこと、定年まではしっかりと勤め上げること。このようなことができる方法はないかと考えた結論が、ワンルーム投資でした。

しっかりとした管理会社と手を組めば、ワンルーム投資にともなう仕事は購入の意思決定だけで、出勤や残業もありません。自分自身の手を煩わせることはないのです。

そして、妻に社長になってもらって、その仕事を会社として行えば、よりメリットが生まれます。まさに、妻が社長になってワンルーム投資を行うという方法は、私たち夫婦、家族の生きるための知恵なのです。

サラリーマンの呪縛からの開放感

ワンルーム投資の目標をどこに置くか。私は、目標の一つを自分が退職するとき、と考えています。退職するまでは資産形成の一つの方法としてとらえ、ワンルーム投資で得られる収益を重視するのと同様に、サラリーマンとしての仕事をまっとうすべきだとも思います。

いわば、定年後のために用意しておく、という考え方です。もちろん、子どもの進学など必要なお金があれば、ワンルーム投資の収益でまかなうこともあります。妻もそれは了解し、社長業として協力してくれています。

むしろ、当初は自分が社長になることに消極的だった面もありますが、いまでは年２回ほど「小遣いが手に入る」という感覚で経営しています。

そして、自分が定年を迎えたとき、サラリーマン時代と変わらないくらいの給料を妻の経営する会社から受け取ることができれば、ぜいたくはできなくても、少しは経済的自由と開放感を得られるのでないかと期待しているのです。

ワンルーム投資も妻に社長になってもらうことも、短期で稼ぎ、速効性の高い方法ではないかもしれません。

しかし、「安心したいときに安心できる」知恵なのです。

家賃収入だけではない ワンルーム投資の成果物

ワンルーム投資によって得られるものは何か。私たちなりに考えて次ページに一覧表にしてみました。これは、そもそもワンルーム投資を始めた目的であり、その途中経過の成果でもあります。途中経過ですから、得られた成果としては十分ではないものもあります。同じことを別の角度からとらえているものもあります。それを前提にご覧ください。

総じていえることは、このような成果が得られるものは、ほかにはないということです。夫がサラリーマンとしてのみ暮らしている夫婦や家族にはもちろん得られないことですし、夫婦がともに勤めに出ていても得られるものではありません。さらに、不動産以外の金融商品などの投資を行っていても得られるものではないでしょう。

私たち夫婦にとって、夫がサラリーマンで妻がワンルーム投資の会社の社長であることが、もっとも安全で堅実、すなわち賢い資産形成・運用の方法であるとご理解いただけるでしょう。

ワンルーム投資から「得られるもの」一覧

・将来の年金不足分の補填
・ローン設定時の団体信用生命保険を利用した生命保険の代用
・インフレによる資産目減り対策
・相続税対策
・妻の小遣いの増加
・不況時のサラリーマンの給与減額への対策
・リストラや会社倒産への備え
・将来の病気などにより働けなくなったときの備え
・収入に大きな増減のある自営業の安定収入の確保
・脱サラして何かに挑戦するとき、軌道に乗るまでの資金源
・子どもの教育資金の確保
・早期退職し、趣味に没頭するための収入源
・資産の分散保有
・田舎暮らし実現のための現金収入
・人生を満喫するための資金源
・自分の好きなことだけをしても生きていける選択肢の拡大
・お金に苦しまない人生を歩むための手段
・複数の収入源の確保(生活の安定性確保)
・定期的に旅行を楽しむための原資

いっときの不労所得1000万円より堅実さが大事

あるセミナーに出席したところ、投資資産6億円で年間不労所得1000万円を実現された方の例が紹介されていました。詳細を聞くと、借入金は5億円、年間の返済額は2000万円ほどになっているそうです。これを算式で示せば次のようになります。

所得（1000万円）＝（家賃収入3000万円）－（ローン返済金2000万円）

これから推測すれば、6億円の資産の投資利回りは5％で、5億円のローン金利は返済期間30年と想定して2・6％ということになります。

もし、借入金が変動金利で、その金利が6％に上昇することにでもなったら年間の返済金額は3000万円となり、年間収入はゼロになります。さらに金利が上がるか、家賃収入が滞納や空室などにより下がることになれば、赤字転落になってしまいます。

ただし、30年の間、全期間固定の低金利で、30年間で5億円を借入れできるのなら、ある程度、リスクを見込めますし、大きな間違いではありません。

そのあたりの不安定さをセミナーの席で質問してみたのですが、明快には答えてはもらえませんでした。

いっときの所得の大小に目を奪われない

全期間について、固定・低金利が実現できているとすれば、投資方法よりむしろ５億円の資金を借入れする方法が素晴らしいということでしょう。しかし、そうではなく変動金利での借入れであれば、このやり方は絶対にすべきではありません。

仮に不労所得１０００万円分をすべて返済に回すことができたとしても、金利などのリスクに対する備えが甘く、あまりに危険すぎます。金利の上昇は非常に短期間に進むことがあるからです。

ワンルーム投資から得られるものを、一時期で判断してはいけません。ワンルームも含めて不動産投資というと、家賃収入という不労所得の金額の大きさについ目が行きがちですが、つねに破綻と背中合わせになっているやり方はおすすめできません。

小さい成功を積み上げて大きな成功をつかむやり方が、結局は成功します。「ウサギとカメ」の昔話のように、最後はカメが勝つということを覚えていただきたいものです。

資産形成の時間の長さが最大の武器に

ある58歳の男性に相談を受けたときのことです。

「いま投資の資金は150万円ですが、ワンルーム投資で資産形成できますか」

前述のとおり、若い人ならともかく、50代の後半で150万円しか用意できないというのではムリがあります。

「正直に申し上げると、50代後半なら2000万円くらい、最初の1戸目は現金で買えるくらいでないと、ムリでしょう」とお伝えしました。

資産の形成には、時間をかけるか、当初の資金が十分にあることが必要です。私は当初の資金を一定額貯めたから、40代半ばごろからワンルーム投資もできたのです。

逆に考えると、いまの20代、私たちの子ども世代は、まさにワンルーム投資を行うには打ってつけの世代です。たとえば、「20代後半の夫婦、賃貸アパート住まいだけど、コツコツお金を貯めて当初資金は150万円」の人にワンルーム投資の意欲があれば、絶対におすすめします。

この若い世代の場合は、最初のワンルームの購入で、1000万円くらいのローンを組む必要があります。いざ始めたら、繰上げ返済をがんばって進め、10～15年でローンのないワンルームマンションを所有できます。

返済は入居者がやってくれた

このワンルーム投資を数戸繰り返していくと、前述のように資金を資産化でき、複利効果が生まれ、初めて、「ローンの元金と利息はこれまでの入居者が払ってくれた」と実感できます。そのとき、毎月、家賃分のうちの数万円のお小遣いを手にする喜びをあらためて感じるでしょう。

そのころには若い夫婦に子が生まれ、その子が小学生くらいにはなっているはずです。そのとき妻は、パートを探してあくせく働く必要もない喜びに浸れます。

夫もまさに脂がのった時期。毎月の月給のうちの数万円とボーナスを貯蓄していれば、繰上げ返済もでき、さらにワンルームの購入戸数を増やすことも可能です。ローンを完済し終えた物件は、確実な担保として活用できます。私の知人にも何人かそのような人がいますが、みなさんも安定した収入を得られることの開放感をぜひとも感じてください。

投資用ワンルームを先に、自宅をあとに?

私はいま50代の半ばすぎですが、親と同居し、親の家を増改築をすることで、住居に対して大きな資金を使わずに暮らしてきました。そのなかで、

「それでいいのか?　まず自分の自宅を確保すべきでは?」

と聞かれたり、忠告されたり、アドバイスされたりするケースもありました。

しかし、私には、「まず自宅を用意して……」という考えが理解できません。その考え方は、自分や家族のいまはもちろん将来も苦しめるだけではないかとさえ思うのです。

1000万円の頭金で4000万円の1戸建ての自宅を購入するのと、250万円の頭金で1000万円の投資用ワンルームを4戸購入するのと、どちらが危険なことでしょうか(次ページ図参照)。

どちらも、金利3%で返済期間30年の借入れとした場合、自宅は毎月12万円ほどの支払

1戸建ての自宅と投資用、どちらが先がいい?

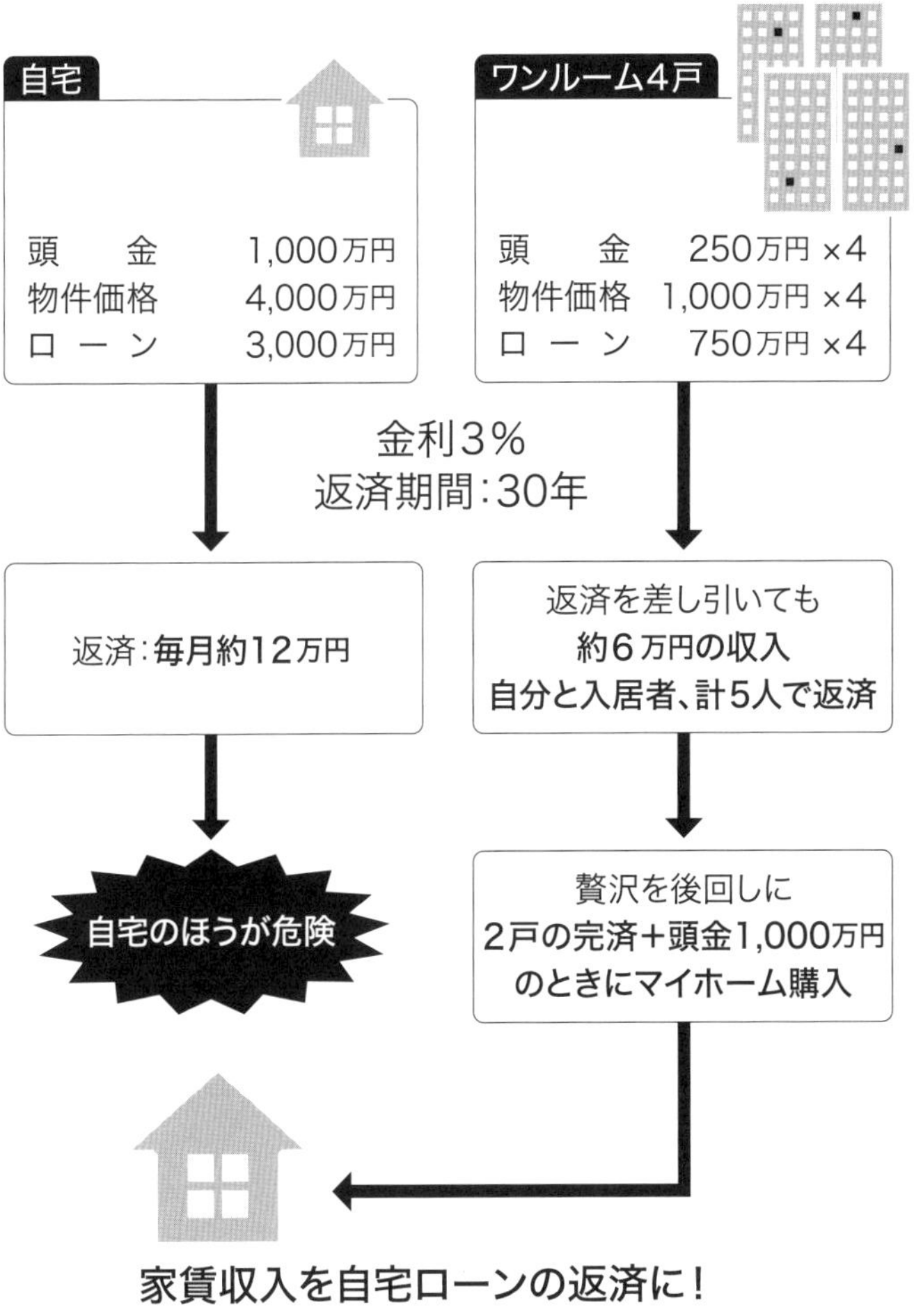

いになり、ワンルームはローンの返済を差し引いても、1戸あたり1万5000円の家賃収入となり、合計6万円ほどの収入となります。

この比較を見ただけでも明らかです。自宅を購入しようと考えるのはとても危険なのです。しかも、マイナス12万円とプラス6万円で合計18万円の差はどうして生まれてくるのでしょうか（ここでは自分たちの住む賃貸マンションの支払家賃を計算に入れていませんが、それを含めても地方での賃貸暮らしだと10万円ほどの差になるはずです）。

その理由は単純です。自宅は返済する人が自分だけなのに対して、ワンルーム4戸は自分と入居者4人の計5人で返済していることになるからです。

そう考えると、自宅の購入がもっとも危険なことがよりはっきりわかるでしょう。

贅沢をあと回しにするという選択

では、自宅をいつ買ったらいいのでしょうか。

同じような計算をすると、4戸のワンルームのローン支払いのうち、2戸の返済が終わり、そのうえで頭金が1000万円ある状態のときに購入すればよいのです。

そうすれば、自分の住む家のローンの支払いは、投資したワンルームの入居者がすべて行ってくれる計算になります。

逆に、自宅を先に購入してしまうと、投資はできず、自宅のローンの返済が自己実現のすべてといった状態になってしまいます。自宅を本当に自分のものとするためだけのために、一生を費やしかねません。

自宅を先にという選択は、贅沢する期間が長いということもできますが、本当の贅沢はそこにはないかもしれないと考えることはできないでしょうか。

おそらく正解は、贅沢はできるだけあと回しにして、投資を先行させ、そこから生まれる資金を増やしていくことです。

その資金を資産化して、お金が働いてくれる状態にして、最後にのんびり贅沢させてもらう。これが、サラリーマンが厳しい時代を乗り切るために最良の考え方でしょう。

ただし、いくら自宅を購入するより安全とはいえ、4戸のワンルームをいっぺんにローンで購入することはおすすめできません。やはり借入金の割合は、意識してください。

地方に暮らし、東京に稼いでもらう

地方に住む人にとってワンルーム投資は、「東京に稼いでもらって、地方でのんびり暮らす」ことにほかなりません。

私は愛知県に住んでいますが、投資用のワンルームは東京と神奈川にしか保有していません。現在の15戸については購入の機会ごとに上京していますが、管理はすべてまかせ切っているので、管理上の必要があって上京したことはありません。

管理してくれる会社が開催するセミナーに呼ばれて上京する程度です（もちろん、サラリーマンとして出張で上京することはあります）。

仮に東京に住んでいたとしても、管理を自分で行うことはないでしょう。

私が管理にかけているお金は、140ページの表のとおり、1戸につき3240円です（業務委託費集金代行業）。管理してくれる会社は千の単位の物件を管理しているからこそ、この程度の値段で引き受けられるわけです。

その管理を自分で行う人もいます。ところが、自分の保有物件だけの管理を自分で行うと効率が悪く、割に合わなくなります。深夜に鍵をなくした入居者への対応、自分が旅行中にトラブルが発生したときの対応など、管理業務は思った以上に大変です。それをやっていたら、家賃収入はあっても、不労所得ではなくなってしまいます。

ですから、管理費がもったいないと考えるより、「管理業務分も踏まえてワンルーム投資で収益を出していく」と考えるべきです。

土地勘を超えるメリットがある

このような状況を説明してもなお、地方に住む人のなかには、「地元に比べて土地勘がないので、どうしても不安。ワンルーム投資を地元でやりたい」という人もいます。しかし、あらためて述べると、それはまったくの間違いです。土地勘はなくても、投資用ワンルームは東京で買うべき。東京には土地勘には替えられない投資メリットがあるからです。

生活するための土地勘と投資家としての土地勘は異なります。この点は理解していただかないと、得られるものも得られません。

私が東京の23区に住むのなら、経済的なことを考えて、競争が激しく家賃の安い北区や足立区など城東地区を考えます。

しかし、ワンルーム投資をするなら、北区や足立区の物件はまず選びません。前述したとおり港区、中央区、新宿区などの物件を購入します。生活の土地勘と投資の土地勘の違いはそのことに似ています。

ワンルーム投資の土地勘を養うなら、生活していた土地勘を忘れ、一から東京で投資の土地勘をつくっていく。このような気分で進めましょう。

地方に暮らし、東京に稼いでもらう。地方に住む人は、そういった気持ちが必要です。

結局はそれが堅実に不労所得を得る最短の道なのです。

ワンルーム投資で幸せになるための〝台場式〟指標

15戸のワンルーム投資を行ってきた経験を踏まえて、私なりに「ワンルーム投資で幸せになる指標」を次ページのように算出してみました。計算式の数値は私が自分の実感をもとに計算したもので、明確な根拠のあるものではありません。あくまで目安としてご覧ください。

それぞれの年齢でYまで到達していなくても、「10年後にはYに向けてがんばろう」と心がけてみてください。夫のサラリーマン収入だけでは到達が困難かもしれませんが、ワンルーム投資が加われば、前述した不動産の加速度により、確実に実現できます。

この指標で判断する限り、「60歳で資金が100万円しかないけれど、ワンルーム投資でなんとかしたい」といわれても、それはムリです。別の方法を考えないといけません。

ただし、資金がなくとも資産はある、という人は別です。その額によっては、取り得る対応があるはずです。

ワンルーム投資で幸せになる"台場式"指標

$$Y \geqq 163X - 3{,}780$$

Y：現在、自分が持っている資金＋ワンルームへの投資額（万円）
X：現在の年齢

22歳　163 × 22 − 3,780 ＝ −194万円
※学生時代は奨学金をもらっていることを想定して、卒業時はマイナス設定としている

30歳　163 × 30 − 3,780 ＝ 1,110万円

40歳　163 × 40 − 3,780 ＝ 2,740万円

50歳　163 × 50 − 3,780 ＝ 4,370万円

60歳　163 × 60 − 3,780 ＝ 6,000万円

→やはりこの年代ではじめるのがベスト！（30歳〜40歳）

着実に不労所得を得るという幸せ

サラリーマン家庭にとって、夫がサラリーマンとして収入を得るということは、それと引き換えに一定時間は拘束され、夫のいる場所の特定を会社に命令され、行動を制約されるということでもあります。若いうちならまだしも、管理職ともなると、この不自由さはみなさん理解されていることでしょう。

時間と場所と行動の制約を受け、それと引き換えに収入を得ているということになります。

一方、ワンルーム投資で家賃収入から不労所得を得るということは、そのすべてから解放されて収入を得るということになります。

幸せそうなAさんと幸せなBさん

ここで、会社重役Aさんと投資家Bさんを比較してみましょう。

世間で一般に成功者として認められるのは、間違いなくAさんです。

Aさんの妻も、きっと誉れ高いことでしょう。

しかし、Aさんの実態は毎日仕事に追われ、旅行は料金の高い時期に年に数日です。もし、体調を壊そうものなら、収入はなくなってしまいます。

そもそもAさんのような地位に就くには、かなりの困難と犠牲がともないます。数多くの出世のハードルを乗り越えないと実現しません。

対してBさんは、世間的にはふつうのオジさんです。しかし毎年、閑散期を狙って長期の旅行に出かけ、病気になっても安定した収入が継続します。

Bさんのようになるにはサラリーマンとしてまじめに働き、早い段階でワンルーム投資を始めていればよいのです。むずかしいことではありません。

そうすれば、きっと、Bさんの妻も、穏やかな幸せを実感しているはずです。

Bさんは、いわば影の成功者です。そのうえ、会社を設立していれば、社会的信用も確保され、税金も少なくすみます。

金額は多くなくとも、不労所得が生み出す〝幸せ〟の量は絶大なのです。

あなたも、楽しく生きたいのなら、Bさんをめざしてみませんか?

幸せそうなAさんと幸せなBさん

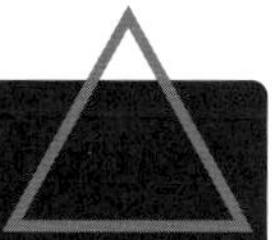

会社重役
Aさん

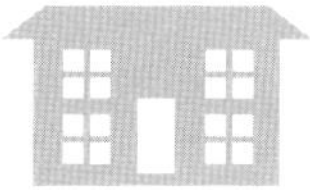

年　　収：2,500万円
勤務時間：朝9時～深夜10時
自　　宅：1億円の邸宅
所 有 車：高級外車

ワンルーム投資家
Bさん

年　　収：600万円(不労所得)
勤務時間：とくになし
自　　宅：2,000万円の中古マンション
所 有 車：国産大衆車

エピローグ

目標は2億円の資産を持ち、毎月100万円の不労所得を得る

自分にとっての最終目標をどこに置くか

ワンルーム投資を行ううえで、最終目標を設定することも大事です。

私の場合は、会社として2億円以上の資産を保有し、設立した会社から毎月100万円の「給与という不労所得」を得ることが最終目標です。

現在の購入資産の総計は2億1000万円。その資産から月50万円以上のキャッシュフローを生み出しています。

一方で、まだローンの返済という債務が9000万円ほど残っています。ただし、その債務の3分の2が固定の低金利での借入れなので、リスクは抑えられていると考えています。

現在の私の年齢は57歳で、子どもの教育費もかからなくなってきました。

いまもサラリーマンを続けているので、キャッシュフローのすべてを返済に回すと、60歳になるときには毎月85万円を確保できると試算できます。

それでも、固定金利の債務が残りますが、それは余裕のあるときに返済していく計画です。

金利が変動しないと仮定すると、一定量の債務は返済しないことも選択の一つです。

団体信用生命保険に入っていれば、私と妻のどちらかが死んだとき、自動的に債務がなくなり、息子たちの生活に別の収益の柱ができることになります。

毎月100万円が解決する老後の不安

仮に63歳まで働くことができるとすると、返済も進みます。月100万円の不労所得は確実に実現できます。

そのときもらえる年金は、がんばって働き、またワンルームに働いてもらったボーナスの位置づけになります。

60代半ばで月100万円の収入というのは、ボーナスがないことを考えると、けっして多い金額ではないかもしれません。

しかし、働かずに毎月の100万円もらうことで解決できる老後の不安や負担も大きいのではないでしょうか。

会社に拘束されない不労所得です。それが、何よりすばらしいことだとは思いませんか。

そして、それは何か特別な才能やスキルがあって初めて可能なことではありません。誰もが、自分と自分の家族の置かれた現状に気づき、早めに東京の中古ワンルーム投資を進めれば実現できるのです。

ぜひ、皆さんも老後の安心を自分の手で勝ち取ってください。

やがて定年を迎えるみなさんと自分へ

定年を迎えれば、職場のみんなから花束を受け取り、「長い間ご苦労さまでした」と惜しまれながら笑顔で会社を離れ、「贅沢はできなくとも、幸せでのんびりとした人生をすごせるもの」と若いころは思っていました。共働きで長年勤め、20年以上前にリタイアした私の両親も、いま、それに近い生活をしています。

しかし、これからはそうはいきません。年金の支給開始年齢は先延ばしされ、支給額は減っていくのに消費税は増税です。再雇用制度で働いたとしても収入は大幅に減額となり、まさに八方ふさがりの状態です。

そこで、私は定年へのタイムリミットに向けて投資に活路を見いだすべく、投資信託、株式投資、ＦＸ、金投資などをやってみました。

もちろん、頼りになるのは現金だと節約に励み、預貯金もそれなりにしました。

しかし、正直に申し上げると、そうした方法にはがっかりしました。とくに、こうした金融投資には負ける可能性があるため、大きな自己資金を怖くて投入できないからです。

預貯金も同じです。現在の金利ではたんにタンスと銀行の間で置き場所を変えるだけ。貯めるメリットがほとんどないからです。

そんな私がたどり着いたのが、「ワンルーム投資」と呼ばれる不動産投資です。みなさんにも、ぜひワンルーム投資をおすすめします。

「ぜひ」というのには、理由があります。

不動産投資というと、「何年で何億円の資産を保有した」といった本に触発され、結局は大きな借金を抱えて金利上昇リスクにおびえている人、業者にすすめられるままに地方のアパート経営に手を出して空室に悩まされている人、さらに相続税などの節税をうたい文句にそそのかすデベロッパーから35年も利益を生み出さない投資用新築マンションを購入してしまった人……、などの話があとを絶ちません。

それでも、「ぜひ」とおすすめするのは、東京の中古ワンルーム投資は最初から安全確実で効率がよいからです。さらに、妻に社長になってもらって会社をつくり、会社としてワンルーム投資を進めることで、節税というより大きなメリットが得られるようになります。

なぜ、安全確実で効率がよいのか、実際の購入や運営はどのように行っているのかについては本書でご理解いただけたと思います。

私と同じようなサラリーマンのみなさんにも手が届く投資であることも十分に理解いただけたでしょう。

なお、投資テクニックの細かな面については、管理会社選びが重要な要素になってきます。その管理面、また、本書のなかの資料的な部分では管理会社の株式会社日本財託にお世話になった点を付記しておきます。

また、サブリース会社を設立する過程では、主に管理業務でお世話になっている日本財託主催のセミナーにワンルームオーナーとして100回以上参加しています。これまでの経験を活かして、相談に来られた方々を幸せに導くこともライフワークとして活動しています。

【参考文献】
『中古ワンルームは「東京23区」を買いなさい！』
『東京の中古ワンルームを３戸持ちなさい』
（いずれも重吉勉著。かんき出版刊）
『資産が資産を生むマンション投資術』（重吉勉著）
ほか㈱日本財託発行の関連冊子

【著者紹介】

台場　史貞（だいば・ふみさだ）

◉――昭和33年、愛知県瀬戸市出身。57歳。

◉――名古屋の理系大学を卒業後、エンジニアとして就職するが、自分では回避できない理由が発生し、３度の転職を重ねて４つの会社を渡り歩く波乱万丈のサラリーマン人生を経験。バブル期の前後、"財テク"といわれた金融商品を中心に株式・金投資を交えて運用を始める。

◉――会社に依存しすぎた自分の経済状況から脱却すべく、2004年に安全性を重視した中古マンション投資を開始。現在15戸のマンションを保有し、手取り月50万円以上の不労所得を確保しながらサラリーマンを継続中。

◉――2012年には税金対策として妻を社長としたサブリース会社を設立する。不動産会社のセミナーに投資家のひとりとして100回以上登壇し、相談に来られた方々を幸せに導くことをライフワークとしている。

◉――趣味は卓球。上級スポーツ指導員の免許を持つ。家族は妻と２人の息子、自分の両親を加えた６人。月に手取り100万円の不労所得の確保と、年間３か月程度のハワイ長期滞在を夢見る。

［台場史貞オフィシャルサイト］
http://www.f-daiba.jp/

妻《つま》を社長《しゃちょう》にしてワンルーム経営《けいえい》　〈検印廃止〉

2015年９月１日　第１刷発行

著　者――台場　史貞©
発行者――齊藤　龍男
発行所――株式会社かんき出版
東京都千代田区麴町4-1-4 西脇ビル　〒102-0083
電話　営業部：03(3262)8011㈹　編集部：03(3262)8012㈹
FAX　03(3234)4421　振替　00100-2-62304
http://www.kanki-pub.co.jp/

印刷所――ベクトル印刷株式会社

　ISBN978-4-7612-7114-5 C0034